Un caractère DE CHIEN

Sandrine Nataf-Otsmane
Illustrations de Cathy Karsenty

Un caractère DE CHIEN

22 attitudes décryptées par une comportementaliste

Sommaire

Introduction

UN MÉTIER DE PASSION

En éthologie animale (science des comportements), nous utilisons le terme de « tempérament » plutôt que « caractère » pour décrire la personnalité d'un chien afin de ne pas être accusé d'anthropomorphisme. Le titre de ce livre est donc un joli pied de truffe pour parler des personnalités multiples et uniques de nos merveilleux amis à quatre pattes.

Je suis éducatrice canin et comportementaliste chien et chat, spécialiste des relations entre l'homme et l'animal. Cela consiste à aider les familles et leurs animaux, à être leur médiatrice et la traductrice du comportement animal, à les accompagner à la lecture incroyable de cette intelligence animale, à ramener la paix dans les foyers quand l'incompréhension est venue détériorer la qualité des liens affectifs avec les animaux. C'est **un métier d'entraide et de dévouement** où il faut ramener l'harmonie et le bien vivre-ensemble. J'exerce sur le terrain depuis dix-sept ans en parcourant les routes de France et même de l'étranger pour apporter mon aide, mon expertise, mes conseils, mes solutions, ma lecture comportementale d'un chien et de son humain de compagnie.

Mon métier, c'est ma passion, ma mission de vie, mon oxygène.

La motivation à vivre mes journées avec enthousiasme est comme un soleil intérieur. Je dis souvent avoir une « étoile-chien » qui m'accompagne depuis ma naissance et qui est présente à chacun de mes rendez-vous. Mon travail est intense, incessant, alimenté par le désir constant d'acquérir de nouvelles connaissances. Les heures, les kilomètres, la fatigue ne sont plus des obstacles significatifs, et les douleurs physiques sont devenues rares. Depuis longtemps, les mots week-end, dimanche, jour férié, faire le pont, repos, congés et même vacances ont perdu leur signification pour moi. La sensation de travailler n'est jamais présente, car j'aide, j'accompagne, je guide. Un jour, l'une de mes élèves, Ornella, m'a confié : « Vous pouvez nous transmettre vos compétences, votre savoir-faire, votre technicité, mais il y a une chose que vous ne pourrez pas nous donner, c'est votre passion. » En effet, je suis profondément passionnée par l'intelligence des animaux !

Des histoires issues de rencontres sur le terrain

Je vais partager avec vous mes rendez-vous professionnels dans des familles, mes rencontres humaines et canines, des histoires de vie, des anecdotes par le biais de mon analyse et avec bienveillance. Vous comprendrez et regarderez votre chien, ou les chiens, tout à fait différemment après la lecture de ce livre. Êtes-vous prêt(e) à porter mes lunettes de vue ?

Venez, nous allons voyager dans **le monde merveilleux de l'intelligence animale**, celui de l'univers simple des chiens mais si complexifié par nos idées reçues. Vous aurez le privilège de comprendre votre compagnon avec empathie, sincérité et justesse. Cet ouvrage est destiné à toutes les personnes désireuses d'apprendre sur le comportement animal pour être le meilleur ami de leur chien.

Un sac fourre-tout nommé stress

Dans ma façon d'exercer mon métier, je me refuse à justifier un comportement en raison d'un état supposé de « stress ». À mon sens, il s'agit d'un sac fourre-tout bien trop général et incomplet dans la compréhension. Il ne me suffit pas. La vie est une succession de pics de stress qui nous rendent vivants et acteurs de nos décisions et de nos choix. Alors mon devoir est de tout faire pour comprendre les raisons qui engendrent les comportements parfois gênants de nos chiens.

ZOOM SUR LA SYSTÉMIE

Je tiens à préciser que chaque situation décrite a pour origine un travail professionnel effectué en présentiel avec le chien et les propriétaires. Ma méthodologie repose sur la **systémie**. L'approche systémique est une **approche scientifique visionnaire et révolutionnaire pour aborder une relation homme/animal**. Cependant, cette approche n'est que très rarement utilisée car elle est accusée à tort, par méconnaissance, d'anthropomorphisme. Il s'agit d'une approche logique et, aujourd'hui, aucun professionnel en contact avec l'animal ne devrait l'ignorer.

Elle requiert une remise en question constante, un ajustement, une volonté de s'adapter, d'accepter la compréhension du monde émotionnel et des perceptions du chien. Elle demande une capacité à apprendre sans cesse, elle nécessite de regarder le chien comme un individu à part entière avec ses qualités et ses défauts, de revoir nos attentes, de comprendre que le vivant n'est pas un robot avec des touches sur lesquelles on appuie quand bon nous semble pour télécommander ses actions.

La systémie, c'est accepter que chacun des membres de la famille ainsi que le chien doivent travailler main dans la patte pour parcourir le chemin de cette entente mutuelle, cette écoute mutuelle, cette compréhension mutuelle, ce comprendre mutuel pour obtenir l'harmonie tant attendue et recherchée.

Des individus uniques

Chaque chien est un individu UNIQUE avec ses propres raisonnements, sa propre analyse, sa propre perception du monde, sa propre adaptabilité, sa propre compréhension. Le vivant ne permet pas de généraliser avec ces formules telles que « tous les chiens sont ainsi » ou « tous les chiens font comme cela ». Un professionnel compétent se doit d'être déstabilisé et d'accepter qu'un chien est une rencontre à part entière, qui va lui enseigner bien des choses.

En effet, **chaque famille est une systémie dont le chien fait partie :** cela signifie qu'il n'existe aucune fiche recette avec le vivant et que ce qui fonctionnera pour une famille et son chien ne fonctionnera peut-être pas du tout pour une autre – une famille unique dans laquelle le chien, aujourd'hui, fait partie en lieu et place. Une famille possède des attentes envers son chien, une manière de vivre et surtout un canal de communication qui lui sont propres. De ce fait, le chien qui prend sa place dans cette famille-là, dans ce contexte-là s'adapte comme il le peut à cette communication et à ces attentes. Changez le chien de famille et de contexte, et vous observerez des comportements totalement différents.

CHAPITRE 1

MON CHIEN, CE DESTRUCTEUR

La destruction seule existe, mais elle est parfois accompagnée de malpropreté et/ou de vocalisations. Cette problématique est un des symptômes relatifs à un mal-être lorsque le chien se retrouve seul. Le chien est une espèce grégaire : la vie en groupe représente pour lui une sécurité, une survie. Nous formons avec notre poilu un groupe interspécifique, c'est-à-dire deux espèces différentes qui vivent ensemble. Lorsque le chien n'est plus avec ce groupe, la détresse, la peur, la panique émotionnelle s'emparent de lui, et la destruction est une résultante de son état.

L'apprentissage à la solitude n'est pas inné, nous avons le devoir et la responsabilité d'apprendre au plus tôt à notre chien à nous attendre lors de nos absences. Il arrive que cet apprentissage ne soit pas fait, ou mal fait. Il est indispensable d'être accompagné d'un professionnel pour éviter toutes les erreurs dommageables pour son avenir et le nôtre.

Toutefois, les destructions ne sont pas toujours un symptôme lié à une mauvaise gestion de la solitude : il arrive que le chien veuille nous dire quelque chose.

CAS 1

Vince, le berger allemand qui s'en prend au réfrigérateur

Le contexte

Un lundi de fin novembre, je commence ma journée par un rendez-vous en région parisienne. Une famille m'a contactée pour Vince, un berger allemand mâle âgé de 12 mois qui commet des destructions dans l'appartement.

L'enquête

Je sonne et écoute attentivement les aboiements de garde. La porte s'ouvre. Vince est tenu par son propriétaire, mais je constate rapidement qu'il est amical et familiarisé avec les personnes inconnues, ses aboiements ayant aussitôt cessé. Je demande donc à ce qu'il soit libéré afin qu'il puisse me renifler, me « scanner » olfactivement : les chiens obtiennent ainsi des renseignements sur qui nous sommes. Ils sont souvent punis pour cela, alors que c'est un comportement naturel qui ne devrait pas être réprimé.

> Je prends en compte l'environnement dans toute sa globalité.

Pendant plus d'une heure, j'observe les postures et les comportements de Vince ainsi que ses interactions avec ses humains. Je pose aussi des questions sur leur façon de vivre ensemble et visite l'appartement sans jamais cesser d'observer la systémie. Ainsi, je note qu'un chat partage la vie de cette famille, que l'appartement donne sur une étendue d'herbe où les gens viennent balader leurs chiens.

Je demande ensuite aux propriétaires la liste des destructions commises par Vince et identifie très vite quelles en sont les différentes raisons… sauf pour une.

➡ **Les chaussures de la famille :** un dimanche matin, tout le monde a tardé à se lever. Vince n'a donc pas été sorti pour faire ses besoins à l'heure habituelle. La difficulté à se retenir peut engendrer des destructions parfois très ciblées, via une activité masticatoire. C'est encore un jeune chien, la première sortie du matin pourra être retardée, mais progressivement.

➡ **Le fil d'une lampe :** le lieu de couchage de Vince se trouve à proximité. Il est probable que son os à mâcher se soit retrouvé sur le fil. Je conseille que le couchage soit déplacé.

➡ **Une plinthe :** il s'agit de la plinthe située derrière son lieu de couchage, où se trouvent aussi des bouts de bois pour qu'il puisse mâchouiller. Comment peut-il faire la différence entre le bois proposé et la plinthe ? Je propose de remplacer les morceaux de bois par des sabots de veau et des bois de cerf.

➡ **Un coussin :** la famille demande à Vince de monter sur le canapé pour des jeux de « bagarres ». Je leur recommande de ne plus proposer ce type d'interactions qui mettent le chien dans un état d'excitation important avec des comportements non souhaités… comme la destruction de coussins.

➡ **Des boîtes en train de sécher près de l'évier :** il s'agissait plus précisément des boîtes utilisées pour ranger les friandises de Vince. C'est un épisode qui n'est arrivé qu'une seule fois. Apprendre, c'est aussi faire des erreurs ! Mon conseil est de faire un test : laissez des boîtes vides en votre présence afin d'observer si votre chien tente de les attraper à nouveau. Nous l'avons vérifié pendant la séance, Vince n'était aucunement intéressé.

➡ **Le bas de la porte du réfrigérateur :** c'est LA destruction que je n'explique pas. Je continue mon investigation, car ces actes veulent exprimer un état émotionnel et un ou plusieurs besoins non comblés. La compréhension est un merveilleux voyage à l'apprentissage de qui est l'autre.

La résolution

Nous sommes sortis promener Vince pour que je puisse le voir également à l'extérieur. À notre retour dans l'appartement, je remarque qu'il a très vite chaud : il est haletant, il a beaucoup de mal à se poser. Il semble chercher un endroit adapté, sans y parvenir. Il se couche contre la porte d'entrée puis devant la baie vitrée du balcon mais il se relève, me regarde et cherche une nouvelle place.

Après 1 h 30 de concentration, je comprends ce que Vince veut exprimer. Enfin !

Je comprends alors que c'est la chaleur qui génère cette destruction. L'appartement est chauffé par le sol et, depuis quelques temps, Vince est enfermé la nuit et lors des absences des propriétaires dans la cuisine par crainte des destructions dans la salle à manger. Or, la porte du bas du réfrigérateur est le congélateur ! Il détruit cette partie car il recherche le froid.

Mes recommandations

- Laisser la porte de la cuisine ouverte et le balcon accessible.
- Proposer à Vince un couchage adapté afin de l'isoler du sol, ainsi que des tapis réfrigérants quand la famille est présente.
- Éviter autant que possible le chauffage au sol.
- Éviter les excitations qui augmentent sa chaleur corporelle.

En une séance, toutes les problématiques ont été solutionnées. Vince et sa famille ont été écoutés et compris.

LA CLEF : PENSER TEMPÉRATURE !

Vince provient d'un élevage où les chiots grandissent dans des chenils. Par conséquent, il n'a pas été préparé à une température ambiante aussi élevée au niveau des appuis et au niveau corporel. Nos intérieurs parfois surchauffés et le chauffage au sol peuvent être une réelle difficulté pour les chiens. Vince, merci pour l'énigme et le « thermorébus chaud-froid » !

CAS 2

Pop corn, la golden retriever qui refait la décoration

Le contexte

Durant plusieurs semaines, j'ai accompagné un couple qui avait accueilli une petite golden retriever, Pop Corn, alors âgée de 3 mois. Je leur ai enseigné quels sont les besoins d'un chien et les apprentissages indispensables pour que tout le monde cohabite dans de bonnes conditions. La chienne a donc appris à être propre, à rester seule, à s'adapter aux bruits de la ville, à rencontrer des congénères pour parfaire sa socialisation et sa communication, à marcher en étant tenue en laisse mais aussi en liberté dans des endroits sécurisés, à croiser des joggers, des cyclistes, des enfants sans s'en préoccuper, à suivre avec confiance et écoute ses humains de compagnie…

Pop corn et ses humains ont accompli un travail d'équipe.

L'évolution a été rapide grâce à l'**investissement en temps et en énergie** des propriétaires et à la **régularité des séances**.

Entre les 9 et les 15 mois de Pop Corn, nous n'avons plus échangé, car tout se passait au mieux. Elle avait été stérilisée dans ce laps de temps. Tout allait donc pour le mieux, jusqu'à ce que je reçoive un message du couple : « Pop Corn ne sait plus du tout rester seule et détruit nos meubles ! » Nous avons donc fixé un rendez-vous afin que je puisse comprendre ce qui se passe.

L'enquête

Lorsque que j'arrive chez eux, Pop Corn me reconnaît et m'accueille amicalement. J'observe son attitude, ses postures, son

état général, son énergie et son poids. Je trouve qu'elle a maigri. Je suis également attentive aux intonations verbales dans les demandes des propriétaires et leurs gestes envers Pop Corn pour évaluer leur relation. Tout va bien.

Je passe rapidement en revue l'intérieur de l'appartement pour voir si des changements ont été effectués, comme des déplacements de meubles ou des travaux. Son couchage confortable est toujours au même endroit. Je mets également mon sens olfactif en alerte afin de sentir une éventuelle odeur gênante – des produits chimiques comme des désodorisants, par exemple. Rien à signaler. Ensuite, je pose de nombreuses questions au couple sans jamais cesser d'observer Pop Corn.

Rien ne me permet d'expliquer ce comportement soudain, qui ne me semble aucunement cohérent avec le profil de la chienne. Auparavant, elle n'avait jamais détruit quoi que ce soit, si ce n'est une paire de chaussons mastiqués lorsqu'elle avait 4 mois et un rouleau d'essuie-tout ! Qui plus est, je remarque qu'elle est très agitée et excitée.

Zoom sur les destructions… et les selles

Seul le meuble en bois situé derrière le couchage est abîmé. Les propriétaires m'expliquent que le bois mastiqué est ensuite consommé, car ils en ont parfois remarqué dans les selles. Juste à côté de ce meuble, près de la porte de la

La bonne attitude vis-à-vis de l'animal

Si vous portez mes lunettes de vue, vous avez dû remarquer que nous sommes loin de la situation où l'on ordonne à l'animal agité d'aller se coucher à sa place. Durant le rendez-vous, nous n'avons pas non plus qualifié Pop Corn de « têtue », « désobéissante », « dominante » ou autre terme infondé qui pourrait s'avérer destructeur dans une pareille situation !

chambre, la chienne a également fait un trou dans le mur. Elle n'a pas simplement gratté avec ses pattes, on remarque des marques de dents. Pourtant, le couple n'a jamais trouvé de poudre de plâtre par terre ! Nous en déduisons donc que Pop Corn le consomme. Les destructions n'ont lieu que la nuit, peut-être en soirée ou au petit matin. Les propriétaires ont tenté de laisser la porte de leur chambre ouverte, mais cela n'a rien changé.

La perte de poids de Pop Corn n'avait pas inquiété le vétérinaire, qui la trouvait en très bonne santé. Il avait d'ailleurs ajouté qu'il fallait faire attention à ce qu'elle ne grossisse pas, car elle est stérilisée et que les goldens ont une tendance à l'obésité. À partir de ces informations, je tente de comprendre comment une chienne dont le régime alimentaire n'a pas changé peut perdre du poids. Comment cette chienne auparavant calme est-elle devenue aussi excitée et destructrice ? Durant le rendez-vous, elle n'a cessé de tourner dans l'appartement sans parvenir à se poser et s'apaiser.

> Pop corn me sollicite beaucoup, je comprends qu'elle me demande quelque chose.

L'élément déclencheur

Je propose alors que nous sortions, bien que les destructions aient lieu à l'intérieur. J'ai besoin de chercher, de comprendre ; Pop Corn me guide.

À 5 mètres à peine de l'immeuble, elle fait ses selles qui sont très liquides, collantes, d'un aspect glaireux, de couleur très claire. La chienne semble avoir des douleurs abdominales lorsqu'elle se soulage. Les propriétaires m'expliquent que les selles sont tantôt normales, tantôt comme celles-ci. Ils ne s'en inquiètent pas, les goldens ramassant beaucoup de détritus dans les rues. Pourtant, lorsque nous nous rapprochons pour nettoyer la zone souillée sur le trottoir (du bon sens, du savoir-vivre, du savoir-être !), je constate quelques traces de sang.

La résolution

L'agitation de Pop Corn est une demande à sortir. Elle a besoin de se soulager et a certainement des douleurs au ventre : elle est malade. Sa perte de poids, son agitation, sa consommation de bois et de plâtre comme pour se faire un pansement gastrique ne peuvent avoir des raisons comportementales ou liées au stress, comme je l'entends si souvent. Ses comportements sont **une réponse adaptative** pour se soulager de douleurs qui, *elles*, provoquent bien évidemment un stress.

Pour moi, les choses sont désormais très claires.

Un rendez-vous vétérinaire a été pris pour le lendemain. Une analyse des selles a été effectuée et les résultats ont révélé que Pop Corn avait la giardiose, une maladie parasitaire localisée au niveau de l'intestin. Après un traitement adapté et de nouvelles analyses, nous sommes rassurés, le parasite a été éradiqué… Et cette gentille chienne n'a plus jamais rien détruit dans l'appartement.

La propreté de nos villes

Quand on possède un chien qui passe son temps à chercher des restes à manger au sol, on se rend compte à quel point nos rues sont sales pas seulement de déjections canines, mais aussi et surtout de détritus humains ! Nos espaces deviennent de ce fait dangereux sur le plan sanitaire, tant pour nous-mêmes que pour nos animaux.

LA CLEF : ÊTRE ATTENTIF À LA SANTÉ DE NOS CHIENS

Les chiens ne développent pas de nouveaux comportements gênants sans raison. À chaque changement, nous devons nous assurer que leur santé est optimale. Par exemple, des selles avec des aspects fluctuants sont le signe d'un désordre digestif. Des destructions soudaines indiquent un mal-être.

Il est également impératif d'exiger des examens médicaux au moindre doute. Parfois, une simple osculta-tion et un rendez-vous vétérinaire de 10 à 15 minutes ne suffisent pas pour soulager le chien et trouver la cause de problèmes trop souvent classifiés par erreur de « troubles comportementaux ».

CHAPITRE 2

MON CHIEN EST MALPROPRE

L'apprentissage de la propreté est celui par lequel nous commençons tous à l'arrivée d'un chien à la maison. Il est essentiel, sans lui il nous serait difficile de cohabiter ! Avez-vous remarqué que c'est un cas unique ? Quelle autre espèce est capable de ne pas faire ses besoins en notre absence et de ne pas disposer d'un endroit dédié ? Le chat possède une litière, le lapin fait dans sa cage. Seul le chien a cette adaptabilité qui lui permet d'attendre que nous le sortions, qui plus est aux horaires irréguliers qui nous conviennent.

Mais c'est l'apprentissage pour lequel nous avons le moins de patience et que nous souhaitons le plus rapide. Parfois, nos comportements éducatifs sont bien loin d'aider le chien et nous pouvons, par méconnaissance ou à cause de vidéos généralistes trouvées sur le Net, prendre des décisions lourdes de conséquences.

CAS 3

Sam, le beagle qui urine dans l'appartement

Le contexte

Sam est un mâle de race beagle, il a 6 mois et vit avec Éric et Katia dans un appartement au centre de Paris. Lorsqu'on entre, on découvre aussitôt une grande pièce de vie avec une cuisine ouverte. Un espace est dédié à deux bureaux car le couple télétravaille : ils sont donc tous les deux très présents auprès de Sam. Cet adorable jeune chien est particulièrement calme et facile à vivre. Éric et Katia peuvent l'emmener partout avec eux : au restaurant, chez leurs amis, dans le métro… Il apprécie croiser des congénères, a une excellente familiarisation, n'a aucune crainte dans son environnement et se laisse manipuler avec docilité chez le vétérinaire. Bref, c'est un petit chien presque parfait.

Enfin, presque ! Car la raison de ma visite est que Sam urine uniquement dans l'appartement, jamais à l'extérieur – il n'y a pas de souci pour les selles, en revanche, qui se font toujours en balade. Il est peu fréquent de rencontrer cette problématique.

L'enquête

Un chien qui a appris à faire ses besoins sur certains substrats peut garder en mémoire un matériau de prédilection et ne se soulager que sur celui-ci. C'est ce que j'appelle la **mémoire du substrat**. Dès le plus jeune âge du chiot, il est donc très important de faire attention à ce que nous lui proposons : il ne faut jamais oublier que chacun de nos gestes, de nos actions, de nos comportements, de nos propositions, même involontaires, constituent un apprentissage, même à notre insu, pour nos chiens.

Pendant le rendez-vous, Sam se soulage en urinant dans la cuisine. Les propriétaires m'apprennent que c'est le seul endroit dans la maison où cela arrive. J'observe sur le plan de travail une pochette avec des friandises.

Donc Sam urine seulement dans le coin cuisine non loin de la pochette. Lorsqu'il a été adopté, à l'âge de 2 mois, Éric et Katia l'emmenaient dehors pour lui apprendre à faire ses besoins, puis le récompensaient avec une friandise. Le hasard a voulu que Sam ait d'abord déféqué à l'extérieur mais uriné à l'intérieur. Il est important de savoir qu'il obtient aussi parfois une friandise dans l'appartement lorsqu'il répond à des ordres et des conditionnements – comme « assis », « couché », « au pied », des positions qui font plaisir à ses humains comme pour asseoir une autorité. Je ne partage pas cette vision des choses, je ne pense pas que le respect de nos chiens s'acquière ainsi. Nous pouvons obtenir leur coopération et leur écoute sans exiger des positions corporelles.

Mes premières questions portent sur les conditions d'élevage.

Ce que pense le chien

Dans l'esprit de Sam, uriner dans l'appartement peut être un moyen d'obtenir une friandise, un conditionnement qui peut rapporter de l'attention : en effet, aussitôt après qu'il le fait, Éric et Katia le sortent en emmenant avec eux la fameuse pochette. Sam voit donc qu'il fera une petite balade sans uriner à nouveau et obtiendra des friandises pour les ordres auxquels il répondra, comme les « assis » demandés en attendant de traverser la route.

Les pistes d'amélioration

La priorité est de totalement modifier le mode relationnel et interactionnel entre le couple et Sam. Nous avons aussi arrêté les ultraconditionnements. Lorsqu'on tient compte de la systémie, l'éducation ou la rééducation nécessite la modification d'un ou plusieurs petits détails. C'est ce qui aura un impact sur certains comportements. Pour le professionnel, la difficulté est de repérer les détails en question. Si je n'avais pas vu les friandises – dont le couple n'avait pas parlé –, il m'aurait fallu plus de temps pour comprendre la situation !

Un mois après la séance et les changements instaurés, Sam est devenu parfaitement propre. Il sait s'arrêter et attendre avant de traverser la rue grâce à une demande verbale. Il est récompensé oralement et par une caresse. Il continue de recevoir parfois des friandises, mais dans l'appartement uniquement, sans contrepartie *et* dans sa gamelle !

LA CLEF : ÉVITER LES LEURRES

L'histoire de Sam montre que l'utilisation de renforçateurs, comme la nourriture, qui est avant tout une ressource liée à la survie, peut être dommageable. C'est même catastrophique dans certaines situations, notamment lorsqu'elle est utilisée pour leurrer ou mentir. De fait, j'ai déjà rencontré des chiens auxquels on proposait des friandises avant de recevoir des soins médicaux. Soit ils refusaient la nourriture proposée, soit ils se hâtaient de l'engloutir en grognant, en devenant menaçants. Ils l'associaient à un moment désagréable ou douloureux et exprimaient une émotion de colère et de trahison. Voilà comment perdre des points dans le contrat de confiance établi avec son animal…

CAS 4

Umbrella, la croisée dogue à la malpropreté incomprise

Le contexte

Umbrella est une femelle croisée dogue de 7 ans. Elle est craintive dans son environnement, et ce, depuis son arrivée à l'âge de 4 mois chez Anaïs, sa propriétaire. Elles vivent dans un appartement situé au dernier étage d'un immeuble.

La chienne peut se mettre à tirer très fort dans la rue si elle entend un bruit qui l'inquiète, comme le claquement d'un volet. Or elle pèse 45 kilos, ce qui peut déséquilibrer Anaïs et rendre la sortie chaotique...

L'enquête

Umbrella a vécu ses premiers mois dans un élevage avant d'être confrontée aux bruits de la ville sans aucune préparation. Pour certains jeunes chiens, ce changement est vécu comme un traumatisme sensoriel et psychologique, car aucun de leurs sens auditifs, olfactifs et visuels n'est préparé à ces agressions externes. D'autre part, sans un bon accompagnement professionnel, des erreurs aggravent bien souvent les choses, comme une laisse trop courte qui empêche le chien de s'éloigner ou de contourner un potentiel danger.

L'adaptation demande une progression graduelle.

Ainsi, j'aide Umbrella depuis plusieurs mois à gérer ses peurs dans l'environnement. Elle a toujours été propre, très propre même, puisqu'avant nos séances elle refusait parfois de sortir et préférait se retenir plus de 15 heures plutôt que d'affronter le monde extérieur. Il y a quelques semaines, Anaïs me téléphone, catastrophée, car Umbrella urine dans l'appartement

SOS

depuis plusieurs jours. Seulement de l'urine. Elle continue de faire aussi lors de ses sorties. La chienne savait se retenir la journée en l'absence de sa propriétaire. J'ai donc demandé à cette dernière de rentrer durant certaines pauses déjeuner pour la sortir et vérifier en combien de temps elle urinait. Umbrella avait plusieurs mictions le matin en trois heures de temps. Elle pouvait aussi en avoir la nuit, mais beaucoup moins.

Petit retour en arrière…

Anaïs s'est rendue chez le vétérinaire, qui a proposé des médicaments pour agir sur le stress. Lorsqu'on voit arriver Umbrella dans un endroit nouveau, on est forcé de constater ses peurs réelles et toutes ses difficultés à s'adapter. Là où un chien sans craintes s'adapte à la nouveauté en quelques minutes, voire secondes, cela prend plusieurs heures pour Umbrella. En tout état de cause, elle est incapable de gérer ses craintes durant le quart d'heure de visite chez le vétérinaire.

Le monde manque de temps et de patience pour le vivant.

Anaïs me relate le rendez-vous : le vétérinaire pense que la malpropreté urinaire d'Umbrella est comportementale. Il l'explique par une volonté de domination de la chienne sur Anaïs, parce qu'elle est une femme vivant seule… Il lui a donc conseillé de rétablir une hiérarchie. Bien souvent, on confond le concept de hiérarchie dans lequel le chien n'a aucune possibilité de s'exprimer avec les notions de cadre et de règles.

Mes préconisations

Nous devons poser un cadre *cadrant* et *encadrant*, être justes et cohérents. La justesse n'est pas à confondre avec la brutalité – une étude de l'Université de Vienne démontre que le chien est sensible à l'injustice en raison de ses nombreuses interactions avec les hommes et de sa sensibilité aux comportements humains.

Le danger des rapports de force dans la relation

Le discours fait à Anaïs, je l'ai entendu tellement de fois… Il est tenu par des vétérinaires, des comportementalistes, des vétérinaires comportementalistes, des éducateurs canins diplômés et non diplômés, des moniteurs de club canin, des éleveurs, des vendeurs en animalerie, des maîtres-chiens, des dresseurs, des toiletteurs…

C'est épuisant, et surtout cela provoque des ravages relationnels. Un rapport de force physique se met en place, des ordres agressifs sont donnés sur un ton de menace, des règles ubuesques sont mises en place : contraindre le chien à se coucher car il s'agit d'une position dite « de soumission » ou le faire manger après soi parce que le soumis mangerait les restes en dernier en sont des exemples.

Ce sont des procédés empiriques qu'il faut changer et faire évoluer pour amener des compétences et des connaissances actualisées pour le bien-être de tous. Nous pouvons manger après notre chien sans risque, notre animal ne doit pas nous être soumis. Il est possible de cohabiter avec des règles qui sont les vôtres, pourvu qu'elles s'inscrivent dans une écoute et un respect mutuels.

➡ Il m'a fallu rassurer longuement Anaïs au téléphone et lui expliquer qu'elle n'avait aucunement besoin d'instaurer un concept hiérarchique qui ferait d'elle la dominante et de sa chienne un individu soumis. Je lui ai posé de nombreuses questions quant au problème d'urine et lui ai demandé des vidéos et photos des endroits souillés.

comprendre, c'est apprendre, et c'est pour moi un devoir de vie.

➡ Je lui ai aussi recommandé de reprendre rendez-vous avec le vétérinaire pour demander des examens et lui montrer les images afin qu'il juge de la couleur des urines. Les analyses ont indiqué qu'Umbrella souffrait d'une infection urinaire – une cystite et des cristaux. Umbrella était donc malade. Bien entendu, la douleur est un facteur de stress évident.

Je partage ces éléments avec vous pour que vous compreniez tout le questionnement interne qui m'anime. Et c'est grâce à ces raisonnements inhabituels et novateurs que nous pouvons faire évoluer nos regards et nos rapports avec nos meilleurs amis.

Le bilan

Comme nous l'avons vu, il est évident qu'Umbrella a de réelles peurs liées à l'environnement. Anaïs se doit d'être la plus rassurante possible afin d'aider la chienne à prendre de l'assurance dans un monde qui n'est qu'agressions pour elle. Mais il faut toujours commencer par demander des examens, et j'insiste sur le mot « examens », je ne parle pas seulement d'une consultation, afin d'écarter la cause médicale avant de considérer une cause comportementale. Le chien ne se lève pas un beau matin en décidant de devenir malpropre !

Un **travail d'équipe doit être mis en place** entre le propriétaire, le vétérinaire et l'éducateur canin comportementaliste. Chacun a son rôle, mais c'est ce dernier qui voit le chien dans son environnement et peut amener des éléments au professionnel de santé. Avoir le réflexe de filmer ou photographier les selles et les urines de son animal est très utile au vétérinaire, car nos explications sont parfois approximatives.

LA CLEF : PRENDRE LE TEMPS NÉCESSAIRE

Une visite chez un médecin ou un vétérinaire, un endroit pour libérer la parole... Toutes nos actions, tous nos espaces sont conditionnés par un temps chronométré. Je refuse de faire mon travail avec une montre dans le cœur : si un animal a besoin d'un peu plus de temps, alors je lui offre, c'est une question de respect et de valeur envers le vivant. La bienveillance consiste à se soucier du bien-être de l'autre et faire preuve d'une écoute attentive.

Certains experts canins ont tendance à blâmer les propriétaires en les accusant d'une surprotection envers leur chien, les rendant ainsi seuls responsables de tous les problèmes. Ce qui me semble injuste, c'est qu'on ne met jamais en cause un professionnel canin qui aurait commis une erreur d'appréciation. Tous les problèmes ne sont pas nécessairement liés au comportement, parfois la santé est l'unique explication. Un vétérinaire ou tout autre professionnel n'est pas infaillible, c'est plutôt un technicien avec des connaissances à disposition, prêt à écouter vos observations pour déterminer les examens nécessaires. Cela s'applique également à d'autres professionnels consciencieux et passionnés qui doivent prendre le temps de vous écouter, de considérer vos remarques et observations pour guider la démarche de travail.

CAS 5

Papaye, le bouledogue qui fait disparaître ses excréments

Le contexte

Papaye est une femelle bouledogue française de 8 mois qui vit avec Marina et Clément, parents de deux enfants âgés de 11 et 13 ans. Son comportement inquiète le vétérinaire. En effet, la chienne est propre la plupart du temps, mais il lui arrive de faire ses besoins dans la maison puis de consommer aussitôt ses selles.

cette habitude rend la chienne malade.

Elle vomit tous les jours, a beaucoup de flatulences, et son système digestif est dérangé. C'est une petite chienne très sensible qui peut s'inhiber très rapidement, comme au moindre changement de ton des humains.

L'enquête

À l'arrivée de Papaye, Marina et Clément ont placé des alèzes à divers endroits de la maison pour qu'elle puisse se soulager. Ils les ont enlevées il y a deux mois. La chienne ne semble pas avoir bien compris l'apprentissage de la propreté et la nécessité de faire systématiquement à l'extérieur. Lorsqu'elle fait ses besoins dans la maison, elle est attrapée par la peau du cou, son nez est approché de ses besoins, et elle se fait disputer. Il est arrivé qu'elle reçoive une tape sur les fesses pour qu'elle comprenne bien sa « bêtise ».

Ce que pense le chien

Doit-elle faire à l'intérieur de la maison ? Après tout, c'était autorisé à son arrivée, elle était même félicitée lorsqu'elle faisait sur les alèzes. Celles-ci ont disparu du jour au lendemain. Papaye a donc cherché à faire sur un support au sol comme cela lui avait été proposé ; c'est ainsi qu'elle a repéré le tapis du salon. Elle a été punie physiquement pour avoir fait là où elle pensait devoir faire. Le seul moyen qu'elle a trouvé pour éviter la colère de la famille est de faire disparaître ses selles en les consommant immédiatement. Elle se cache parfois pour faire sur le tapis, et il est difficile de la prendre dorénavant sur le fait.

Papaye est dans une totale incompréhension de ce que ses humains attendent.

Marina et Clément aiment énormément leur adorable Papaye et sont totalement dévastés par cette situation : lors de nos séances, ils comprennent très vite à quel point elle est confuse dans ces apprentissages incohérents.

La résolution

Nous avons mis plusieurs choses en place :

➡ J'ai demandé à Marina et Clément, selon leurs disponibilités respectives, d'avoir toujours une laisse de 5 mètres attachée autour de leur taille pour que Papaye soit sans cesse sous surveillance dans la maison.

➡ Toutes les deux heures, il lui est proposé de faire ses besoins dans le jardin.

➡ Le tapis du salon a été retiré.

➡ Papaye dort dans la chambre avec ses humains, porte fermée, afin de ne pas avoir accès au salon. Ce sont des mises en place provisoires qui vont participer rapidement à aider et guider Papaye dans de nouveaux apprentissages.

Après trois semaines, elle a compris qu'elle doit faire dans le jardin et, surtout, huit fois sur dix, elle ne touche plus à ses excréments. Le temps sera le meilleur allié pour ancrer ce nouveau comportement. Le vétérinaire a félicité le travail mis en place, qui n'aurait pas été possible sans la constance de Marina et Clément.

LA CLEF : FAIRE L'APPRENTISSAGE DANS LE BON ENVIRONNEMENT

Il est important de préciser qu'un chien peut manger ses excréments en raison d'un problème de santé. Ce comportement du règne animal s'appelle la coprophagie.

Les alèzes et tout autre support sont à bannir de l'apprentissage à la propreté. Autrement, vous enseignez à votre chien à faire à l'intérieur de la maison et à rechercher des supports dédiés. Comment peut-il ensuite comprendre que ces supports sont retirés ? Le seul et unique endroit où il doit apprendre, c'est à l'extérieur.

Oui, il y aura des accidents à la maison et vous devrez nettoyer pendant plusieurs semaines. Mais votre chien sera dans une compréhension de ce que l'on attend de lui, et votre relation sera calme et apaisée

CAS 6

Funny, la labrador adoptée malpropre

Le contexte

Funny est une femelle labrador de 11 ans adoptée à l'âge de 9 ans dans une association pour les chiens seniors. Elle vit dans une agréable longère en Seine-et-Marne au sein d'une grande famille composée d'un couple et de leurs quatre grands enfants. Elle partage également son quotidien avec des poules en liberté dans le jardin, des oies, des moutons, des chèvres et deux chats. La cohabitation entre toutes ces espèces est harmonieuse.

Cette chienne a la sagesse d'une senior.

Depuis environ 3 mois, il arrive à Funny d'être malpropre la nuit. Parfois elle défèque dans la maison, mais c'est très rare, le problème concerne essentiellement les mictions. C'est une chienne qui apprécie tout le monde, humains et animaux. Elle est d'une douceur et d'une délicatesse extrêmement touchantes.

L'enquête

Durant la séance, je remarque qu'elle se couche dans son panier en plastique rond avec quelques difficultés. Ses mouvements sont lents et délicats. Sa famille considère que c'est normal étant donné son âge. Funny s'endort et ronfle parfois, ce qui nous fait tous sourire.

Elle m'a émue par sa gentillesse et son adaptabilité, de même que les membres de cette famille, qui ont eu la générosité de lui offrir une place dans leur maison, leur cœur, leur vie, sans tenir compte de son âge avancé.

Ma déclaration d'amour aux chiens seniors

Lorsqu'on a l'âge de Funny, on intéresse bien peu d'adoptants qui expliquent ne pas vouloir pleurer trop tôt. On entend également une idée reçue selon laquelle le chien a des habitudes et ne peut plus être éduqué, comme si l'éducation et les apprentissages s'arrêtaient à un âge défini. Nous avons tous des exemples autour de nous prouvant que l'on peut apprendre tout au long de notre vie. Tout est question de motivation. Les chiens sont fabuleux, ils sont motivés leur vie entière à tenter de nous plaire et à nous faire plaisir. Une adoption sans tenir compte de l'âge est un merveilleux acte d'amour.

La résolution

Une seule séance de deux heures me suffit pour comprendre les difficultés de Funny. En effet, elle a du mal à se mouvoir. Nous sommes en saison hivernale, et la maison est essentiellement chauffée avec un poêle à bois en journée et en soirée. Mais celui-ci s'éteint durant la nuit ; la température de la pièce où dort la chienne chute donc brutalement. Funny a froid, c'est la raison de ses mictions nocturnes...

Je conseille donc :

➡ Une **visite chez le vétérinaire** et des **examens de contrôle** pour senior afin d'écarter toutes causes médicales. Des compléments alimentaires pour l'arthrose ont été prescrits.

➡ Une **visite chez un ostéopathe canin,** qui a remis quelques cervicales en place.

➡ L'installation d'un **couchage supplémentaire**, comme un matelas pour lit d'enfant, afin que la chienne soit isolée du froid, qu'elle ne soit plus obligée de se mettre en boule et qu'elle puisse s'étendre de tout son long.

➡ Le placement d'une **bouillote spécial chien** entre la couverture du couchage et le matelas.

Suite à ces changements, Funny n'a plus de problème de malpropreté. Le matin, elle dort encore profondément au réveil de ses propriétaires.

LA CLEF : MENER L'ENQUÊTE AVEC OBJECTIVITÉ

Durant un entretien, j'observe tous les comportements de l'animal, mais également ceux des propriétaires. Et puis j'évalue aussi le mode relationnel et interactionnel dans leur systémie. Je sollicite mes connaissances, je veille à ne négliger aucun détail, à trier les informations importantes, à ne pas me laisser polluer par des explications inadéquates, à ne pas interpréter, mais à être factuelle.

CHAPITRE 3

Mon chat aussi est malpropre

Mon métier de comportementaliste chien m'a naturellement amenée à m'intéresser au comportement d'autres espèces animales : je suis donc aussi spécialisée dans le comportement des chats. Je vais vous faire une confidence, je voudrais avoir le temps pour d'autres animaux qui me fascinent, comme le cheval. La découverte et la connaissance sont d'incroyables chemins de richesses envers soi, le monde, les autres.

Concernant les chats, la malpropreté est la première raison pour laquelle je suis appelée. C'est une réelle difficulté pour la cohabitation, car l'odeur de leur urine est persistante. Les propriétaires de chats malpropres développent en général un odorat hors pair pour traquer les mictions à nettoyer. Tout un programme. La relation est bien souvent détériorée, l'humain étant nerveusement « saturé ». C'est à partir de ce moment qu'on me sollicite, quand la patience vient à manquer.

CAS 7

Sun, le chat au service du bien-être canin

Le contexte

J'ai été contactée par la famille du chat Sun, qui demeure dans la région lyonnaise. Mon temps et mes connaissances sont à disposition de toutes les personnes désireuses de les recevoir, peu importe où elles se trouvent.

Patrick et Christelle m'attendent avec impatience ; leur accueil est chaleureux et sympathique. Ils me remercient plusieurs fois d'avoir accepté de parcourir des kilomètres. Ils ont trois chiens et un chat :

- **Pépito,** un mâle dogue de Bordeaux de 7 ans, non castré,
- **Bulle,** une femelle croisée ratier de 11 ans,
- **Follower,** un mâle croisé border collie de 6 mois, castré,
- **Sun,** un chat européen tigré castré de 7 ans qui se balade aisément au milieu de ces trois chiens.

Le problème ne semble pas venir de tensions entre les animaux.

Il règne un calme agréable au sein de cette cohabitation, mais depuis 4 mois, le chat Sun urine à l'intérieur de la maison. Il a pourtant accès à l'extérieur, et une litière est à sa disposition dans la salle de bains. Il n'a jamais été malpropre auparavant.

Première étape de l'enquête : vérifier les hypothèses évidentes

Je pense en premier lieu à deux explications :

1. Les êtres vivants préfèrent la facilité et ce qu'ils connaissent. Le chat est une espèce routinière qui apprécie rarement les changements d'habitude et les bouleversements. Un raccourci rapide peut laisser penser que l'arrivée de Follower a perturbé le quotidien de Sun, ce qui expliquerait cette malpropreté soudaine. Mais c'est une piste que j'ai très vite écartée : je ne remarque aucune difficulté d'adaptation.

2. La deuxième piste envisagée porte sur la santé de Sun. Il est crucial de vérifier ce paramètre en présence d'un chat qui manifeste des comportements inappropriés, car la cause peut résider dans un dysfonctionnement du système urinaire, par exemple. Je recommande donc une grande prudence. En l'occurrence, les examens de santé ont eu lieu avant ma venue et ont révélé que tout était en ordre.

Deuxième étape : l'observation

J'observe sans cesse les comportements et les interactions de chacun, et mon cerveau arrive toujours à la même conclusion : c'est une **cohabitation harmonieuse.**

À mes yeux, tout semble bien se passer entre ces animaux.

Pépito, l'imposant dogue de Bordeaux, dort profondément sur son couchage, Bulle est lovée dans les bras de Patrick – un privilège de petit chien – tandis que Follower est couché paisiblement aux pieds de Christelle, prêt à la suivre si elle se déplace. Sun, quant à lui, demande à sortir à l'extérieur, mais je souhaite avoir plus de temps pour l'observer. Il passe sous le nez de Follower et frotte même sa tête contre sa truffe. Le chien soupire et tourne la tête pour se recoucher. Sun monte sur la table autour de laquelle nous sommes installés avec des vocalisations très claires pour demander encore à sortir. Il

L'importance du dialogue

Grâce à mes années de pratique, j'ai appris que je dois être extrêmement précise dans mes questions. Si l'une d'elles est mal formulée, imprécise ou, pire, si j'oublie d'en poser une, cela peut m'empêcher de comprendre la situation. Parfois, les propriétaires, ne veulent pas tout dire par peur du jugement, mais un professionnel n'est pas là pour juger, il est là pour aider. On ne peut rien changer à des faits passés, on peut simplement faire mieux aujourd'hui, pour demain.

Le plus difficile est d'arriver à démêler, trier, ranger et expliquer des comportements. L'animal est bien plus simple, il ne ment jamais, et ses comportements sont clairs et précis.

pose sa patte avant sur le genou de Patrick qui tient toujours Bulle dans ses bras, mais se rend compte que la place est déjà occupée. Il se ravise et descend pour aller se coucher près de Pépito, dans son couchage. Celui-ci reste impassible.

Troisième étape : les échanges

Voici une synthèse de nos échanges, qui m'ont permis de comprendre la situation après 2 h 30 de rendez-vous :

« S'agit-il de malpropreté urinaire ou fécale ? Ou les deux ?

— Urinaire seulement.

— Où Sun est-il malpropre ?

— Sur le couchage de Pépito.

— Sun a bien fait des examens de santé avant ma venue ?

— Oui, le vétérinaire a effectué une analyse d'urine, une prise de sang et une échographie.

— À part l'arrivée de Follower, y a-t-il eu des changements dans le quotidien de Sun ?

— Aucun ! La nourriture est toujours la même, proposée en libre-service au même endroit. Ses horaires de sortie à l'extérieur n'ont pas changé non plus.

— Comment décririez-vous la relation entre votre chat et vos chiens ?

— Les chiens sont très délicats avec Sun qui, par ailleurs, a suffisamment de tempérament pour ne pas être bousculé ou malmené. Il sait effectivement se faire respecter. Il passe beaucoup de temps avec Pépito, ils ont grandi ensemble.

— Pépito n'a jamais marché sur Sun, ne s'est jamais allongé en l'écrasant involontairement ?

— Non, jamais, en tout cas en notre présence.

— Sun a toujours dormi avec Pépito. Rien n'a changé à ce niveau-là ?

— Nous n'avons rien changé, mais il est vrai que Pépito passe beaucoup plus de temps à dormir avec Pépito dans son couchage. Avant, cela arrivait de temps en temps, mais pas tous les jours. Depuis quelques mois, il passe beaucoup de temps avec lui.

— Comment va la santé de Pépito ?

— Il est allé chez le vétérinaire l'année dernière et tout allait bien. Mais il est vrai qu'il dort encore plus qu'avant et qu'il mange moins. »

Je suis sortie épuisée par cette expérience, j'ai été comme aspirée par cette intense concentration. Toutefois, ce sentiment de fatigue mentale est régénérant et vivifiant, il me fait vibrer de l'intérieur.

La triste résolution

J'ai demandé que le chien Pépito revoie le vétérinaire pour faire un point sur sa santé. La prise de sang est revenue avec de mauvaises nouvelles. Pépito est décédé trois mois après ma venue... Le chat Sun avait détecté quelque chose d'anormal dans l'organisme de son compagnon, ce qui impactait également son comportement. La malpropreté du chat a pris fin dès que les propriétaires ont été informés des résultats d'examens.

> Le vivant est formidable quand il est dans l'authenticité.

Voici un exemple incroyable des interactions au sein d'une famille, un magnifique exemple de travail systémique. Merci Sun, merci Pépito pour votre inoubliable leçon.

CHAPITRE 4

Mon chien est agressif

Les comportements d'un chien dépendent à 80 % de ses apprentissages et expériences vécues – que l'on appelle les « effets du milieu » en éthologie – et à 20 % seulement de son hérédité. Les conditions de développement durant ses premières semaines de vie et ce que le propriétaire lui fait expérimenter sont essentiels pour l'avenir. Vous comprendrez pourquoi connaître les parents de votre futur chiot et les conditions d'élevage sont indispensables pour un départ optimal.

40 à 50 % des consultations à l'École nationale vétérinaire d'Alfort sont liés à des motifs comportementaux. La majorité des propriétaires sont dans le déni total sur l'agressivité et les agressions de leur chien. Beaucoup d'accidents pourraient être évités si nous formions et informions correctement. Nous nous reposons à tort sur des connaissances parfois obsolètes, erronées et empiriques.

CAS 8

Sherlock, le jack russell (et l'incroyable vérité)

Le contexte

J'ai été contactée par téléphone par une famille de quatre personnes : elles partagent leur vie avec Sherlock, un jack russell âgé de 26 mois qui a grièvement mordu les parties intimes d'un camarade de leurs fils. Ils sollicitent un rendez-vous à leur domicile en extrême urgence. Deux jours plus tard, je pars donc dans l'Oise à la rencontre de cette famille.

L'enquête

Je suis accueillie au portail par Sherlock et Sandra. Le chien aboie beaucoup et fait des sauts importants pour capter mon attention. Je ne relève pas de postures agressives, mais beaucoup de demandes d'attention. Je maintiens une position neutre en évaluant sa compétence à gérer la frustration et les renforcements (c'est-à-dire les attentions) auxquels il semble habitué. Je me dirige vers la porte de la maison, mais cette sorte de petit kangourou rend mon avancée plutôt compliquée. Sandra lui demande à plusieurs reprises d'arrêter, en vain. J'observe ainsi les interactions et le modèle relationnel dès mon arrivée. De la même façon, j'ai été attentive aux aboiements avant de descendre de ma voiture. Tous ces éléments vont me permettre d'établir un profil et une lecture comportementale.

À l'intérieur de la maison, je rencontre José et les fils du couple, âgés de 13 et 16 ans. Nous nous installons autour de la table avec la sensation que nous allons parler d'un accident que tout le monde prend très au sérieux. En effet, au téléphone, Sandra m'a bien précisé que notre rendez-vous serait déterminant pour le devenir de Sherlock à leurs côtés.

GRRRRR...

Des éléments manquants…

Pendant l'entretien, les parents répondent à toutes mes questions le plus précisément possible, ils semblent très concentrés. Je ressens une réelle envie de comprendre l'accident qui s'est produit quelques jours plus tôt, alors qu'ils étaient absents. Après les cours, les deux garçons sont rentrés chez eux. Une heure après, un de leurs camarades les a rejoints. Sherlock a infligé une morsure aux parties génitales de l'adolescent, qui a nécessité des soins médicaux aux urgences. C'est le premier incident selon la famille.

Ils attendent la vérité pour agir en conséquence.

Le temps passe, mes questions et mes observations se succèdent, mais quelque chose ne colle pas. Les parents sont persuadés que la zone de la morsure est un hasard. Pourtant, les explications des deux garçons ne sont pas cohérentes avec le profil du chien et ce que je vois. Ils répondent à mes questions, mais ils semblent parfois gênés et sont de plus en plus fuyants. Je dis ouvertement qu'il me manque, à mon sens, des informations. Les parents se montrent plus insistants et oppressants à leur égard.

La résolution

Une question fait basculer le rendez-vous : je demande aux garçons de me montrer chacun leur tour comment ils jouaient avec Sherlock. Avant même le commencement de l'expérience, ils rient et protègent leurs parties intimes avec

Après une morsure

Dans certaines situations, les familles prennent la décision d'abandonner le chien ayant mordu dans un refuge (dans le « meilleur » des cas), d'autres choisissent de le faire tuer par leur vétérinaire… L'animal vit donc un sursis provisoire. Certaines personnes sont marquées à jamais par cette terrible décision.

les mains... Sherlock essaye immédiatement d'attraper le pantalon à l'entrejambe. J'explique que je suis certaine que cela résulte d'un apprentissage et, après moulte tours et détours, les adolescents racontent ce qui s'est passé. Oui, ils ont bien appris (apprentissage par conditionnement) à Sherlock à mordre et maintenir le pantalon sur cette zone, d'abord sur eux-mêmes, puis sur leur camarade à son entrée dans la maison. Les parents sont dévastés et font preuve d'une colère contenue étant donné ma présence.

À mon départ, de grandes explications ont dû avoir lieu autour de cette table... Je ne sais pas quelle décision sera prise pour Sherlock. Cette frustration fait partie de mon métier, il me faut l'accepter.

Zoom sur les problèmes de cohérence

Ce que j'observe fréquemment, c'est une incohérence flagrante conduisant à des dysfonctionnements graves. Ici, cela concerne un « jeu », mais l'on peut donner cet autre exemple concret : je refuse à mon chien de manger dans mon assiette lors des repas. Si cela se produit, ma réaction est de me mettre en colère. Cependant, quelques instants plus tard, je l'appelle doucement pour lui offrir un morceau de viande. Cette discordance perturbe le chien qui, par la suite, peut réagir en manifestant des agressions lorsqu'on lui refuse quelque chose.

Ces comportements semblent désordonnés et inconvenants, mais, en réalité, **ce sont des réponses adaptatives**. Notre refus, notre ego et notre orgueil nous incitent même à nous dissocier complètement de ces réponses en utilisant des termes tels que « troubles » et « problème de comportement », suggérant une pathologie. Le chien n'est en aucun cas malade. Les causes résident dans nos modes relationnels et interactionnels, notre perception du chien, nos attentes, nos demandes, nos exigences, nos dissonances, nos cahiers des charges, et notre manque de connaissances cynophiles. Ces lacunes risquent de conduire l'animal à adopter des comportements potentiellement dangereux, posant des risques pour lui-même et notre société.

CAS 9

Pixie, une malinoise agressive avec une seule visiteuse

Le contexte

Ce matin, je suis attendue par Édith, ses quatre enfants âgés de 8, 12, 17 et 20 ans, et Pixie, leur femelle malinoise de 7 mois adoptée il y a un mois et demi.

Ils vivent dans un appartement au rez-de-chaussée d'un immeuble dans les Hauts-de-Seine. Pixie est une chienne avec un réel manque d'assurance. Elle aboie énormément à mon arrivée, avance, puis recule. Une fois que je suis assise, elle ose s'approcher sous la table pour venir me sentir et s'informer olfactivement. Elle fuit le regard et le contact visuel, mais elle a besoin de regarder toutes mes expressions faciales pour se rassurer sur mes intentions.

Une attitude menaçante ne doit pas être ignorée.

Lou, la fille de 17 ans, m'explique que je suis ici à sa demande : sa meilleure amie Chloé ne peut plus venir dans l'appartement, car Pixie ne cesse de lui aboyer dessus et tente même de la mordre. Les enfants me racontent que lorsqu'ils reçoivent des amis, filles ou garçons, Pixie leur réserve le même accueil qu'à moi. Les invités vont directement dans les chambres pour jouer aux jeux vidéo, les portes restent fermées. Ils ne circulent dans l'appartement que pour se rendre aux toilettes ou dans la cuisine. Pixie reste alors à distance en observant, mais sans se manifester. Son attitude est donc différente avec Chloé, d'autant qu'elle se montre encore plus menaçante et agressive lorsqu'elle la recroise dans l'appartement. Ce comportement de peur et cette posture offensive constituent un grand risque de morsure.

L'enquête

Je n'arrive pas à déterminer pourquoi cela concerne uniquement Chloé. Je demande si elle peut nous rejoindre pour la suite du rendez-vous, ce qu'elle accepte, puis de nous avertir par message de son arrivée à l'entrée de la résidence. Elle ne doit surtout pas sonner à la porte. Je me rends donc à sa rencontre accompagnée de Lou.

En la voyant, je comprends immédiatement pourquoi Pixie n'est pas en mesure de gérer son état émotionnel avec l'adolescente : elle porte une frange très longue, qui masque totalement un côté de son visage. Or, grâce à plusieurs études, on sait à présent que les chiens sont capables de décrypter les émotions humaines par les expressions du visage. Lou retourne chez elle. Sa mission ? Ramener de quoi faire un chignon de danseuse à Chloé ! Encore pour moi un merveilleux souvenir. Vraiment, que me font faire les chiens !

Mes recommandations

Je préconise **un nouveau protocole pour l'entrée des visiteurs** afin de ne pas acculer Pixie dans le couloir de l'entrée. Elle doit être isolée dans la cuisine, porte fermée, puis rejoindre les invités une fois qu'ils sont installés. Lorsque nous entrons avec Chloé, la chienne aboie aussitôt, puis vient plusieurs fois la sentir, comme pour se rassurer. Nous la voyons douter : elle est interpellée par ce visage qu'elle découvre pour la première fois mais dont elle connaît l'odeur. Ensuite, Chloé peut se déplacer dans l'appartement aisément.

Pour entrer chez Pixie, coiffure tirée à quatre épingles exigée !

Mais il y a un autre problème...

Pixie sort quatre fois par jour en laisse courte pour faire le tour de la résidence, ce qui représente un temps de balade de 15 minutes environ à chaque sortie. Édith m'explique que les enfants s'étaient tous engagés à s'occuper de la chienne, des sorties, des repas et même à passer l'aspirateur. Les engagements n'ont été tenus que pendant une quinzaine de jours. La maman se retrouve surchargée de travail, elle ne peut pas offrir plus de temps à la chienne.

Tous les besoins de la chienne ne sont pas comblés.

Or, les comportements gênants et un important risque d'agressions persisteront si la famille (ce qui inclut les enfants !) ne consacre pas plus de temps et d'énergie à Pixie.

L'idée reçue : « J'ai un jardin, pas besoin de sortir mon chien ! »

Les comportements gênants sont inévitables si vous n'avez pas de temps ni d'énergie à consacrer à votre animal. Et j'écris noir sur blanc qu'un jardin n'est aucunement une raison pour ne pas ou peu emmener un chien en balade. C'est une simple litière géante et pratique, elle ne permet pas une dépense d'énergie suffisante. Et puis, dans le jardin, il n'y a aucune nouveauté, pas de nouvelles odeurs. C'est donc une privation sensorielle à long terme.

CAS 10

Octave, un golden retriever dit « imprévisible »

Depuis que j'exerce ce métier extraordinaire, je n'ai plus jamais connu de réveil difficile. D'ailleurs, fini le radio-réveil ou la sonnerie percutante du téléphone pour me tirer du lit ! La simple lumière du jour me suffit. Ce matin, je m'apprête à rencontrer un chien qui m'a été présenté comme étant « imprévisible ». De nouveaux échanges, une nouvelle problématique, une nouvelle approche systémique.

Le contexte

Aujourd'hui, je me rends chez Benjamin. Il vit avec sa conjointe Olivia, qui ne peut être présente en raison d'une urgence professionnelle. Lors du premier rendez-vous, je préfère autant que possible rencontrer tous les membres de la famille afin d'avoir un maximum de renseignements, car chacun porte une paire de lunettes différente.

Un premier rendez-vous est un chantier à organiser.

Je suis là pour Octave, un grand golden retriever mâle non castré, âgé de 2 ans. Il est très puissant, il a un poil dense et entretenu. Il m'accueille amicalement et dandine son postérieur comme le font souvent les retrievers. Il vient chercher des contacts tactiles, il apprécie la présence de l'humain inconnu. Si je me fie à son accueil, c'est un chien très sympathique : on est bien loin d'imaginer des comportements d'agression lors des repas. C'est pourtant la raison de ma venue.

OCTAVE

Les raisons du comportement d'Octave...

L'erreur n° 1

Le vétérinaire qui suit Octave et le précédent professionnel rencontré ont conseillé de mettre les mains dans sa gamelle lors de ses repas et de la lui reprendre ensuite ainsi que ses os, ses oreilles de cochon et ses jouets pour qu'il soit le plus tolérant possible. S'il grognait, il fallait le sanctionner en le retournant sur le dos afin de le dominer. Comme Octave ne se laissait pas faire, Benjamin et sa conjointe devaient s'y prendre à deux. Les premières fois, le chien hurlait comme de peur, puis il a commencé à se débattre, à devenir de plus en plus violent, à grogner et à essayer d'attraper les mains du couple. Un vrai combat de catch... Les humains de compagnie ont ensuite peur de leur chien, et on leur reproche. Un comble !

L'erreur n° 2

Le second professionnel consulté a conseillé de donner à Octave des morceaux de saucisse lorsqu'il grognait et menaçait. Le comportement d'agression n'a fait qu'empirer.

Quel était le message pour le chien ? Il était récompensé par de la nourriture pour son état de peur, de colère et d'agressivité. Si vous craignez quelque chose, pensez-vous que votre peur s'éteindra si je me présente avec vos gâteaux préférés ? Ou si vous êtes en colère contre une personne qui a tenté de vous prendre une ressource importante et qu'elle vous propose une friandise alimentaire, pensez-vous que vous serez en mesure de l'accepter ? que cela changera votre état émotionnel ?

... et ses conséquences

La méconnaissance, les idées reçues et empiriques mènent à la fabrication de bombes à retardement. Octave est l'exemple même du chien auquel on a fait subir un apprentissage conditionné par la peur de perdre une ressource vitale à sa survie, l'alimentation. On lui a appris à développer de la possessivité pour ses ressources.

Benjamin et sa compagne étant très assidus et à l'écoute pour la bonne éducation d'Octave, ils ont persévéré dans ces méthodes archaïques – pourtant conseillées par des professionnels et techniciens qui ont la responsabilité de la santé physique et mentale des chiens.

Le « traitement » a rendu ce chien dysfonctionnel.

La responsabilité des professionnels

Nous vivons dans une époque où trouver l'équilibre est particulièrement délicat. Les individus semblent souvent désorientés face à la variété des méthodes éducatives disponibles. Certaines sont permissives, sans structure, et dire « non » à un chien peut presque être perçu comme coercitif. À l'inverse, d'autres adoptent des approches basées sur la violence physique et psychologique.

Je vous assure que dans mon cœur et dans mon corps, je ressens pleinement la douleur, l'incompréhension, la détresse et la peur de ce chien lors de ces agressions perpétrées par ses deux figures d'attachement. Je ressens également la tristesse, la peine et l'incompréhension de ce couple qui cherche à agir au mieux par amour pour son chien. Ces personnes ont été amenées à croire qu'elles étaient incompétentes dans l'éducation d'Octave, car elles se laissaient soi-disant « dominer ». Je ressens le besoin de crier haut et fort que nous, professionnels, avons tous une responsabilité envers nos clients, qui sont les animaux mais aussi leurs familles, en tant qu'êtres vivants sensibles.

J'ajouterais que la peur est une émotion normale qui permet à l'animal de s'adapter à la situation dans laquelle il se trouve pour assurer sa survie. Mais elle est parfois amplifiée au-delà de la réponse adaptative. Lorsqu'un chien perçoit un stimulus effrayant, son système nerveux réagit en libérant des hormones de stress, comme l'adrénaline et le cortisol, qui **augmentent le rythme cardiaque et la respiration.** Rappelons que le stress chronique est la cause de nombreuses maladies. Je partage mon interrogation : les peurs ne sont-elles pas parfois en lien avec nos moyens éducatifs ?

Mes recommandations

Ce que je veux, c'est que ce chien change d'état d'esprit, d'état émotionnel : « N'aie plus peur, Octave, promis, plus jamais un humain ne viendra te déranger pendant ton repas, plus personne ne viendra t'agresser pendant ce moment en lien avec ton cerveau reptilien. Tu peux ralentir ta prise alimentaire qui ne durait que quelques secondes tant tu avais peur que quelqu'un l'approche. En mangeant aussi vite, sais-tu seulement que tu as mangé ? »

Voici mes préconisations pour Octave et ses humains :

➡ **Préparer la nourriture d'Octave en son absence** afin de ne déclencher aucune stimulation olfactive, visuelle et même auditive qu'il connaît et associe au moment du repas. Il part donc en balade avec un de ses humains pendant que l'autre prépare le repas. Si c'est impossible, il est installé dans la voiture, où il adore être, pour patienter.

➡ **Lorsqu'Octave rentre à la maison, le repas est déjà installé dans le garage éclairé, éloigné de la porte et du container à croquettes :** le but est qu'il ne s'inquiète pas que quelqu'un entre par surprise pour le lui prendre et qu'il ne cherche pas à garder le container.

➡ **Pas de gamelle, on change tout :** elle est remplacée par un large bac en plastique trouvé dans le garage. J'ai fait le choix d'éviter tout mauvais souvenir négatif lié à des expériences antérieures, telle que l'utilisation de sa gamelle en inox. Nous avons également placé les grilles d'un parc à chiot autour d'Octave et de sa gamelle. De cette manière, sa zone de sécurité est clairement définie, permettant ainsi de reconstruire une relation de confiance avec ses humains. Octave peut sauter par-dessus s'il en a envie, mais j'apprendrai plus tard qu'il n'en a jamais ressenti le besoin.

➡ **Plus d'ordres tels qu'« assis, pas bouger »** avant de manger qui ne font qu'augmenter sa possessivité.

➡ **Nous faisons une première expérience avec tous ces aménagements :** le repas est servi dans les nouvelles conditions. Nous faisons descendre Octave de voiture et le menons jusqu'à l'entrée du garage, dans le calme. Nous retirons la laisse avant l'ouverture de la porte, puis le laissons se rendre seul dans son nouvel espace repas. Nous refermons la porte une fois qu'il est entré.

➡ **Je recommande de récupérer le bac pour le laver quand Octave est occupé** ailleurs et de procéder porte fermée afin d'éviter tout incident. Les grilles installées sont également une sécurité pour le couple, qui ne doit pénétrer dans cet espace que lorsque le chien en est sorti. C'est comme un nouveau code sécuritaire pour tous.

Bien entendu, ce protocole est adapté pour CE chien, dans CE contexte, dans CETTE famille. Le vivant ne fonctionne pas comme des copier-coller d'ordinateur.

LA CLEF : OSER DIRE « JE NE SAIS PAS »

Aucun des professionnels rencontrés n'aura le courage et l'amour de te demander pardon, Octave, ainsi qu'à ta famille – au nom de toutes nos méconnaissances, nos egos, nos fiertés, nos peurs, nos incompétences, nos erreurs, nos manques de temps, d'analyses, de transparence et de respect, notre injustice, notre croyance à la supériorité. Si vous saviez comme je n'ai que faire de tout cela. Nous avons tous été un jour une personne néophyte, et ce, dans tous les domaines de notre vie. Acceptons que travailler avec le vivant, c'est ne jamais cesser d'apprendre à comprendre.

CAS 11

Google, le schnauzer qui tremble de peur

Le contexte

En cette fin de journée, je suis attendue par une famille qui a un chat et a adopté, il y a deux mois, dans un refuge, Google, un schnauzer géant mâle de 5 ans. Ils vivent dans un pavillon situé dans un lotissement dans les Yvelines.

On me liste toutes les qualités de Google au quotidien :

- Il ne tire pas en laisse.
- Il est très agréable en balade et très calme à la maison.
- Il n'aboie pas contre les voisins.
- Il est adorable avec le chat.
- Il ne touche à rien dans la maison, pas même aux assiettes de petits-fours posées sur la table basse.

Mais voilà, sans que l'on sache pourquoi, Google se met tout à coup à trembler, baisse la tête et se réfugie en grognant dans un placard sombre de l'entrée destiné aux manteaux. Il est envahi par une peur incontrôlée et soudaine, sa respiration s'accélère, il est haletant. Sa famille a déjà tenté de le sortir de ce placard, mais il se blottit tout au fond pour ne pas être accessible. Rien n'y fait, pas même l'agitation de friandises sous ses yeux, de la laisse pour sortir se balader ou des jouets.

La réponse consiste en des grognements qui se transforment en charges agressives ; la propriétaire s'est fait mordre la main en essayant de le caresser pour le rassurer. Elle a contacté le refuge, qui a expliqué que Google avait subi des maltraitances par le passé mais sans pouvoir en dire plus.

L'enquête

C'est un réel plaisir de travailler avec cette famille qui est très claire et franche. Google restera chez elle quoi qu'il arrive, elle prendra le temps nécessaire pour comprendre ce qui se passe. Lors de cette séance de découverte, je ne détecte rien chez le chien, rien dans l'environnement. Je demande tout de même un bilan de santé vétérinaire afin de ne pas passer à côté d'une cause médicale, comme un problème de thyroïde ou autre. Aucun problème de santé n'est détecté.

Sa famille est bienveillante et cohérente.

Lors de notre deuxième séance, les propriétaires m'expliquent que Google a fait deux nouvelles crises depuis notre rencontre. Je mène de nouveau l'enquête à l'intérieur et à l'extérieur, j'évalue la relation avec les propriétaires, je lis les postures du chien et ses intentions pour savoir qui il est. Je « scanne » tout sans relâche, mais rien, pas de réelles pistes pour expliquer ces crises.

Le vétérinaire a proposé du Prozac. Un médicament parce que Google est stressé ? atteint d'une maladie mentale ? dépressif ? Mais enfin !

Les problèmes du chien liés aux humains

Je réagis à la prescription du vétérinaire. Regardons la nature, regardons évoluer des groupes de chiens, regardons vraiment : la seule maladie de cet animal est de partager sa vie avec des humains qui lui font endurer des situations comme l'enfermement, la laisse, l'attente de son humain durant de longues heures, l'absence de choix dans l'alimentation, le manque de sorties et de socialisation avec ses congénères... La liste est encore si longue. Mais c'est le prix pour vivre à nos côtés sous peine de mourir, sous peine de souffrir, sous peine d'être médicalisé.

La résolution

C'est lors de notre troisième séance que je découvre enfin pourquoi Google est si paniqué : je suis assise sur le canapé. La famille me propose un verre d'eau au retour de notre séance à l'extérieur. En posant le verre sur la table basse, mon genou entre en contact avec le rebord du meuble, qui a des roulettes. Elle se déplace donc un peu et émet un léger cliquetis. Aussitôt, Google dérape de peur sur le parquet et court se réfugier dans le placard ! Je demande alors plus de précisions sur cette table. C'est une table coffre, elle s'ouvre et fait bar, on y trouve plusieurs bouteilles. Google a peur du bruit des bouteilles qui s'entrechoquent et devaient être annonciatrices de maltraitance par le passé...

La table a été retirée et changée. Google continue de vivre auprès de cette merveilleuse famille.

Gérer les traumatismes

Parfois, en demandant trop à un chien, on obtient ce que l'on n'attendait pas.

Un individu peut décider lui-même de faire face à ses peurs, mais un chien n'a pas cette capacité de choix. Il arrive que je doive travailler avec un chien sur ses angoisses pour l'aider à les gérer efficacement, autrement il pourrait avoir du mal à s'adapter à notre quotidien et risquerait d'être rejeté. Cependant, dans le cas de Google, je ne vois pas la nécessité de réactiver des souvenirs traumatisants.

Si un enfant a une peur liée à une expérience traumatisante, je n'essaierais pas de changer cette association en quelque chose de positif. Mon objectif serait plutôt de le rassurer au maximum, en limitant autant que possible son exposition à ce qui l'effraie. Je prendrais en compte le temps, la construction d'une relation de confiance, la sécurité affective et l'aspect sécuritaire de l'environnement pour l'aider à gérer progressivement sa peur à son rythme. C'est ainsi que j'ai choisi d'approcher la situation avec Google.

CAS 12

Hava : la prédation, une arme qui l'a tuée

Ces lignes sont dédiées à Hava, une adorable femelle cavalier king Charles, et à son humaine Ornella que j'ai rencontrées il y a plusieurs années.

Le contexte

Hava était une chienne très calme, à l'aise dans l'environnement, d'une grande amicalité avec les humains et d'une compétence incroyable dans l'activité de *mantrailing* (la recherche de personnes égarées). Lorsqu'un chien venait à sa rencontre, elle s'asseyait, se laissait renifler, mais n'était pas disposée aux contacts tactiles ou physiques. Cependant, jamais, non, jamais elle n'a eu une once d'agressivité envers ses congénères, même avec ceux qui posaient une patte sur elle. Cela ne semblait pas faire partie de son répertoire, de sa communication. De ce fait, elle n'a jamais eu aucun problème avec les chiens qui venaient parfois lui dire bonjour.

Ornella et Hava : un binôme de gentillesse.

Le jour où tout a changé

Un jour, la maman d'Ornella a emmené Hava en balade, tenue en laisse. Pendant que la chienne reniflait son environnement, un chien de 2 ans, que sa propriétaire ne parvenait pas à retenir, est arrivé silencieusement dans son dos, dans une course à la mort. Il a saisi Hava à la nuque et l'a secouée dans tous les sens. La chienne hurlait de douleur. Alors, comme il l'aurait fait avec l'un de ses jouets pouic-pouic ou une corde à nœuds à tirer, il l'a déchiquetée, dépecée. Hava est morte dans la rue, sous les yeux de tous. C'est une petite fille de 12 ans qui a téléphoné à la police. Le corps d'Hava n'était pas regardable…

Hava

J'ai été cherché Hava à la fourrière, puis je l'ai emmenée au crématorium pour qu'elle parte avec dignité. J'ai déposé sur son petit cercueil des fleurs séchées au nom de tous les gens qui l'ont aimée. J'ai écrit un mot au nom d'Ornella, dans l'incapacité de gérer les démarches suite à ce traumatisme. C'est aussi mon métier d'aider et d'accompagner les chiens et leurs humains dans de terribles circonstances.

L'incompréhension

Cependant, pour les propriétaires de l'autre chien, la mort d'Hava a été traitée comme une simple banalité, un accident parmi d'autres. Il n'y a eu ni excuses, ni empathie, ni manifestation de peine. En somme, cet événement n'a suscité aucune réaction particulière.

Amour, valeurs, respect, humanisme et éthique pour tout être vivant.

La méconnaissance et l'incapacité à se remettre en question, à comprendre et à reconnaître la responsabilité qui est la nôtre lorsqu'on a un chien puissant, c'est devenir criminel. Les agents de la paix, aujourd'hui désignés sous les termes de « forces de l'ordre », semblent parfois manquer d'empathie envers les êtres humains et les animaux dans certaines circonstances. Est-ce qu'exercer ce métier devrait nous priver de notre humanité et de notre capacité à ressentir des émotions ? Interrogeons l'idée d'enseigner à ne rien ressentir afin de rester professionnel et se protéger. Ne serait-ce pas plus nocif de devenir quelqu'un de totalement insensible sous prétexte de protection personnelle ? Et il n'y a personne pour accompagner les propriétaires traumatisés, comme la maman d'Ornella, qui est sous antidépresseurs depuis ce chaos. Rien d'autre que le néant, l'indifférence et le silence.

LA CLEF : AVOIR CONSCIENCE DES JEUX PROPOSÉS À NOS CHIENS

Sommes-nous suffisamment conscients et informés des conséquences de ce que nous proposons à nos chiens, notamment e certains jeux qui stimulent et encouragent l'instinct de prédation ?

Sans prendre pleinement conscience des risques d'excitabilité et de leurs répercussions, certains apprentissages peuvent être à l'origine d'événements graves, surtout s'ils sont associés à un manque de socialisation. Les animaux n'agissent jamais de manière aléatoire ou par accident.

Lancer une balle, un bâton ou autre incitera le chien à une poursuite dans un comportement de prédation. À travers ces interactions, il apprendra les tactiques de fuite des proies, devenant ainsi un prédateur plus efficace et performant. Souvent qualifiées à tort de « jeu », ces activités ne doivent pas faire oublier que le chien est fortement motivé à courir après quelque chose, c'est un comportement inscrit dans sa nature. Cette excitation se manifeste avant même le développement d'une compétence. L'éthologie nous enseigne que **le comportement de prédation est dénué d'émotions,** contrairement à d'autres formes d'agression qui sont souvent déclenchées par la peur ou la colère.

Essayer de faire courir d'autres espèces après une balle, même en échange d'une récompense, s'avère généralement infructueux. Les animaux créent leurs propres opportunités d'apprentissage, ce que l'humain semble parfois oublier. Cette réflexion soulève la question de notre niveau d'empathie envers la protection du monde animal.

CHAPITRE 5

Mon chien ne sait pas rester seul

L'apprentissage à la solitude peut sembler contradictoire, car on parle souvent de « chien de compagnie », alors que nous allons devoir laisser notre animal seul. Il est essentiel et nécessaire pour le bien de tous. En effet, le voisinage n'a pas à subir des hurlements tout au long de la journée. En parallèle, le chien ne doit pas souffrir de l'absence de ses humains.

Cet apprentissage commence par la gestion de la petite solitude : au départ, vous pouvez le laisser seul dans une pièce quand vous êtes présent, en installant une barrière pour enfant à la porte afin qu'il puisse vous voir, vous sentir, sans être collé à vous en permanence. Je vous conseille de vous faire aider par un éducateur canin et comportementaliste au plus tôt, dès l'arrivée du chiot ou du chien. Si un professionnel propose une cage de transport pour enfermer votre chien en votre absence, fuyez. La loi exige 5 m² d'espace minimum. En mettant un tel conseil en application, vous seriez dans l'illégalité en plus d'infliger à votre animal une privation sensorielle et de détériorer la qualité de votre lien de confiance...

CAS 13

Odin, le labrador qui ne sait plus rester seul

Le contexte

Je me gare dans la cour gravillonnée devant cette maison ancienne entourée d'un parc arboré. Je viens rencontrer Odin, un croisé labrador mâle âgé de 8 ans. Selon ses propriétaires avec qui j'ai échangé par téléphone, il ne sait plus rester seul. Il aboie sans cesse en leur absence.

Odin est très rarement seul.

Dans cette maison, vivent aussi quatre grands enfants qui font leurs études et trois chats. Trois fois par semaine viennent un jardinier et une aide-ménagère. Odin est un chien amical, tactile, avenant, qui apprécie la présence de tous, humains et chats. Il serait facile de penser qu'Odin n'a jamais appris à rester seul et que les propriétaires ne s'en rendent compte que maintenant. Mais mon métier n'est pas de choisir la facilité !

L'enquête

Durant cet inoubliable rendez-vous, j'apprends donc qu'Odin a des difficultés, c'est vrai, à rester seul : il hurle à la mort, mais depuis un mois seulement. Il a accès à tout le rez-de-chaussée de la maison ; l'étage lui est interdit car s'y trouvent les litières des chats et les croquettes, dont il est très friand. Ses deux confortables couchages sont installés dans le salon. Voici quelques-uns des tests que j'ai effectués lors de cette séance après des investigations pour comprendre au mieux cette systémie.

LA CLEF : DU MIEUX-ÊTRE AVANT TOUT

J'ai appris à aimer l'espèce chien en comprenant qu'il me faudrait passer ma vie à les observer et non à les toucher. J'ai appris qu'aimer les chiens, c'est parfois accepter de soulager en apportant du mieux-être sans atteindre le bien-être.

Il n'est pas toujours possible de modifier un contexte de vie (comme la présence de voisins bruyants) ou un environnement (urbain, par exemple). Je ne peux pas non plus agir sur la personnalité d'une personne qui pense que son chien a peur et ne cesse de le surprotéger - alors que celui-ci apprécierait plus d'autonomie, comme être détaché dans des lieux sécurisés. Alors, par souci d'honnêteté intellectuelle et émotionnelle, j'explique que mon but est d'apporter du « mieux-être » dans le quotidien des chiens.

➡ Pendant dix minutes, nous avons laissé Odin seul dans le salon et enregistré ses aboiements. Les hurlements de détresse sont arrivés au bout de cinq minutes. Nous avons réitéré l'expérience dans d'autres pièces agréables : nous avons obtenu le même résultat. La seule exception est le jardin où il n'a pas du tout aboyé.

➡ Après ces tests d'absence, Odin s'est couché plusieurs fois devant les escaliers qui mènent à l'étage puis le canapé.

Lors de mes questions, nous avons parlé de Cactus, l'un des chats de la famille qui est décédé de vieillesse il y a un mois, à l'âge de 19 ans. Il avait toujours vécu avec Odin et adorait s'installer sur le canapé. Les autres chats passent un peu plus de temps à l'étage à dormir dans les chambres des enfants.

La résolution

Étant aussi comportementaliste chat, j'ai pu orienter mes questions vers les petits félins de la maison pour connaître leur tempérament, la qualité de leur relation et de leur cohabitation avec Odin. J'ai demandé à la famille d'installer le chat Nougatine sur le canapé et de le laisser avec le chien. Avant de fermer la porte, nous avons lancé l'enregistrement audio, les avons avertis de notre départ et dit à Odin : « Tu attends, on revient. » L'écoute n'a révélé aucun aboiement de détresse À notre retour, nous avons constaté le silence et retrouvé un chien apaisé.

Merci Odin, merci cactus pour la leçon d'humilité.

Odin ne sait plus rester seul dans sa famille, mais si un chat de la maison est avec lui, alors il est en mesure de le gérer. Durant toutes ces années, personne n'avait remarqué que Cactus venait s'installer sur le canapé pendant les absences des humains et qu'Odin se couchait systématiquement juste à proximité. Encore une magnifique leçon d'humilité…

Je recommande alors :

1. De veiller à laisser Odin avec l'un des chats dans le salon.

2. D'initier simultanément un processus d'apprentissage pour l'aider dans sa gestion de la solitude.

CAS 14

Milko, le husky qui creuse un énorme trou dans le jardin

Le contexte

Milko est un mâle husky que j'ai rencontré quand il avait 3 mois. Je l'ai accompagné avec sa famille durant toute sa **période de construction**, c'est-à-dire deux ans.

➡ **La première année** est consacrée à tous les apprentissages indispensables : propreté, solitude, rappel en balade, socialisation avec les congénères, familiarisation aux personnes, habituation à l'environnement urbain… On tricote la relation homme-chien ensemble, on fait des mailles *ensemble*, on se corrige *ensemble*, on se construit *ensemble*, on se structure *ensemble* et on apprend à se connaître.

➡ **La seconde année** a pour but de consolider et d'affiner les acquis *ensemble*.

Le temps a passé depuis la fin de mon accompagnement. Et puis, ce lundi midi, je reçois un appel téléphonique de Maximilien, le propriétaire de Milko. Il m'apprend que le husky a désormais 5 ans, qu'il va très bien, qu'il fait le bonheur de sa famille. Il le décrit avec beaucoup d'amour et énumère toutes ses qualités : Milko sait rester seul, il connaît le rappel, il est amical avec tout le monde. Cependant Maximilien est inquiet ; son chien a creusé un énorme trou dans le jardin, ce qu'il n'avait jamais fait auparavant. Il a toujours apprécié être à l'extérieur, au frais, car il a trop chaud dans la maison. Il n'a jamais fait d'importants dégâts à part quelques tapis en caoutchouc et des chaussures laissées sur le paillasson durant sa première année.

Ce comportement m'interpelle car il est inhabituel, et cela ne peut pas être sans raison.

LA CLEF : UNE PÉRIODE DE CONSTRUCTION RÉUSSIE

Eh oui, deux ans d'investissement en temps, en énergie, en argent, en aventures, aussi, sont nécessaires, car l'existence est remplie d'imprévus et de situations inédites qui nécessitent des ajustements. La responsabilité d'une vie ne se limite pas à apporter des soins vétérinaires et acheter de la nourriture.

Nous devons apporter adaptation et adaptabilité au chien que nous décidons d'accueillir. La construction de cette relation est un chemin à parcourir, c'est la clef pour réussir à gérer toutes les situations à venir dans les meilleures conditions. C'est ainsi que nous évitons les abandons. Quand on y parvient, on peut vivre n'importe où avec son chien et l'emmener dans différents contextes, tout est facile. Bien sûr, tous les chiens ont leurs petits défauts, mais ce ne sont pas des problèmes complexes qui handicapent le quotidien.

L'enquête

Parfois, les propriétaires pensent à tort que leur chien se lève un beau matin en se disant : « Tiens, je vais embêter un peu mon humain, aujourd'hui, je vais creuser un trou au milieu du jardin. Je vais me venger en faisant une bêtise ! » Malgré toute l'intelligence que je reconnais au chien, je vous assure que ce type de préméditation consistant à élaborer un plan est réservé à une autre espèce…

Le chien est un animal simple qui gère minute par minute.

Maximilien semble persuadé que Milko n'arrive plus à rester tout seul – il est seul toute la journée, sauf durant la pause déjeuner. Je conseille de reboucher le trou mais hors de sa vue. Je suis certaine que le husky a une raison pour agir ainsi, raison que nous ne comprenons pas encore, mais que cela n'a pas de rapport avec la solitude car il a acquis cet apprentissage depuis longtemps. J'émets des hypothèses : la présence d'une taupe ou d'un autre animal dans la terre, d'un objet enterré comme un vieux tuyau d'arrosage... Bref, nous échangeons plus d'une heure sans trouver de réelle piste. Nous programmons un appel téléphonique une semaine après.

La résolution

Je découvre alors ce qui clochait. Maximilien me raconte qu'un soir, en rentrant du travail, il constate que Milko a refait un trou dans le jardin, au même endroit qu'auparavant, mais encore plus profondément. Il m'avoue l'avoir corrigé en lui mettant le nez dans le trou et en le disputant fortement. Il rebouche le trou, mais à peine deux heures plus tard, le husky recommence. Dans la soirée, Maximilien détecte une fuite de gaz. Nous faisons tout de suite le lien avec le comportement de Milko : celui-ci **communiquait une information**, il indiquait la zone en creusant ! Le propriétaire ajoute ensuite : « Sandrine, vous vous rendez compte, je l'ai puni pour ça ! »

CAS 15

Justin, le jack russell qui lèche la porte et les plinthes

Le contexte

Justin est un jack russell mâle âgé de 3 ans. C'est un chien très dynamique, énergique et excité. Sa propriétaire Orlane sait qu'il faut combler ses besoins énergétiques et mentaux qui sont, il est vrai, très élevés. Ainsi, il lui faut une longue balade de plus d'une 1 h 30 le matin et en fin de journée, et c'est un minimum. Il est également crucial de laisser à Justin un temps significatif de mastication. Comptez 40 minutes de mastication par jour pour un chien adulte – cela reste une moyenne, et les besoins individuels peuvent varier.

Les besoins du chien sont comblés, alors quel est le problème ?

Même en faisant le nécessaire, la propriétaire m'explique que le jack russell n'arrive pas à rester seul. En effet, il ne cesse de lécher le bas d'une porte et le mur ; elle retrouve souvent derrière la porte d'entrée une mare de salive.

L'enquête

La propriétaire a emmené Justin chez le vétérinaire, qui a suivi le protocole habituel :

- Observation des yeux, de la bouche, des muqueuses de la peau et du pelage,
- Palpation du dos, des pattes et du ventre,
- Auscultation cardio-respiratoire,
- Prise de la température rectale.

Au final, le vétérinaire a prescrit des psychotropes, car Justin lui a paru stressé et hypersensible. Les effets secondaires du médicament n'ont pas été évoqués. Le traitement n'ayant pas amené d'améliorations, Orlane s'est ensuite tournée vers des professionnels qui utilisent l'homéopathie, les fleurs de Bach, le CBD… En l'écoutant énumérer tous ces traitements avalés par Justin, je tente cette question : « Pour quelle maladie ou quelle pathologie est-il exactement soigné ? Et quels examens ont permis le diagnostic ? » Elle m'explique qu'il est soigné pour de l'hyperactivité et de l'hyperattachement. Ce diagnostic a été établi en raison de l'excitation et du dynamisme de Justin, mais aussi parce qu'il lèche le bas de la porte et les murs.

En menant mes investigations, j'apprends que Justin produit toujours ce comportement de léchage quand il est seul, mais pas seulement : lors du rendez-vous et donc en notre présence, on le voit lécher les plinthes de façon frénétique et même essayer de creuser le mur en plâtre, avant d'avaler la poussière tombée par terre.

Une expérience

Je demande à Orlane de quitter le salon et d'aller s'isoler dans une autre pièce. Justin la regarde partir et gère très bien son absence. Je constate également qu'il n'est pas en permanence en train de rechercher de l'attention, qu'il sait s'occuper seul avec un objet de mastication, qu'il peut de lui-même s'installer dans son couchage et s'endormir.

> Je sens que la raison de ce comportement est ailleurs.

Nous sommes donc bien loin d'un chien hyperactif et incapable de gérer la distance avec sa propriétaire… Le petit Justin sait rester seul.

La résolution

Il faut prendre le temps de regarder un chien, d'observer ses comportements, de l'écouter et de comprendre que sa santé physique se contrôle avant tout avec des examens.

Je demande donc des **investigations médicales**. Une prise de sang et une endoscopie effectuées par le vétérinaire révèlent que Justin souffre d'importants problèmes gastriques et d'un ulcère à l'estomac. Après de longs traitements adaptés et ciblés, ses comportements de léchage ont pris fin.

Le danger des traitements infondés

Tous les médicaments prescrits ont-ils aggravé les douleurs de Justin et son ulcère ? Quelles seront les conséquences sur sa santé physique et mentale à l'avenir ? Combien de temps a-t-il eu mal ? Pouvons-nous mesurer le degré de souffrance ressenti chaque jour par ce chien ? Un professionnel s'est-il excusé ? Un professionnel a-t-il eu l'humilité de dire « Je ne sais pas » (j'évoque ce sujet plus en détail p. 65) ?

Je remercie mes formateurs étrangers qui m'ont toujours appris à demander des bilans de santé en cas de doute et à me référer à des vétérinaires qui acceptent de travailler en coopération.

CHAPITRE 6

MON CHIEN A UN PROBLÈME DE RAPPEL EN BALADE

La balade est le moment le plus important pour évaluer la qualité de notre relation, de notre écoute mutuelle et de notre coopération. Mes sorties avec mes deux eurasiers, Fidelia et Shamane, et ma petite yorkshire adoptée récemment, Tchoumie, sont des moments magiques.

Je les détache, et elles partent à la rencontre des autres chiens si elles le souhaitent. Nos balades sont silencieuses et fluides : je ne leur parle pas, je ne les attends pas, je ne les appâte pas avec des récompenses ou des jouets. En réalité, je ne les appelle que très rarement par la voix. Tout se passe par le suivi naturel et ma gestuelle. Nous sommes comme reliées par un fil invisible, une connexion unique. Je veille sur mes chiennes et je n'ai jamais peur de les perdre. Je refuse d'avoir peur de la vie, de la liberté, de l'autonomie, des maladies, de l'amour. J'accepte les risques de vivre. Nous partons en balade dans la vie.

CAS 16

Feebee, la bichon qui a besoin d'un regard

Le contexte

J'ai déjà rencontré Feebee, femelle bichon de 6 ans, et sa propriétaire Mélissa dans leur appartement en région parisienne, lorsque nous organisons une séance éducative en forêt. L'objectif est de rencontrer d'autres chiens et d'améliorer le rappel, car Feebee ne revient pas toujours auprès de son humaine.

Cette balade se fait avec les meilleurs partenaires, collaborateurs, assistants, éducateurs : d'autres chiens, en l'occurrence mes deux eurasiers et ma yorkshire. Leur calme, leur excellente communication canine, leur intégration dans la société humaine, leur autonomie et leur intelligence sociale vont être une aide précieuse.

Avant de me contacter, Mélissa et Feebee ont assidument suivi des cours avec deux professionnels du monde canin. Leur credo ? L'utilisation de la nourriture pour l'un et des ordres sévères et autoritaires pour l'autre. Les techniques fonctionnaient durant les séances, mais le problème revenait lorsque Mélissa se retrouvait seule avec la chienne.

L'enquête

Mélissa me confie avoir mal dormi, car elle appréhende notre séance et a peur de détacher Feebee, craignant qu'elle ne revienne pas. Je la rassure : la cohésion du groupe de chiens va aider notre petite élève à comprendre ce que nous attendons d'elle. Durant la balade, je fonctionne en deux temps.

1. Je commence par observer la façon dont Feebee se déplace et explore ce nouvel environnement. Certains chiens ne mettent jamais le nez au sol pour s'informer, ce qui peut être

Feebee!

révélateur d'une peur, par exemple. Au début, je tiens la petite bichon avec une grande et très fine longe : elle interagit avec mes chiennes, elle est assez à l'aise pour faire quelques mictions et laisser ainsi des messages à d'autres congénères. Sa communication canine et sociale est lisible et compréhensible. Elle regarde où se déplace son humaine.

2. Ensuite, je demande à Mélissa si je peux laisser glisser la longe au sol ; je ne tiens plus vraiment Feebee, mais je peux la récupérer si besoin. Lorsque je décide de franchir cette étape, c'est que j'ai évalué son comportement en extérieur et donc mesuré un certain nombre d'indicateurs pour minimiser les risques. Toutefois, le risque zéro n'existe pas, et il est impossible de contrôler l'environnement à 100 %. Je ne peux donner aucune garantie. J'en avertis Mélissa, qui le comprend très bien et me donne son accord pour tenter l'expérience. Comme les chiens sont heureux quand ils sont libres, je suis un peu frustrée de ne pas lâcher complètement la longe, mais je n'oublie pas l'importance de la systémie : il me faut prendre en compte l'état émotionnel de Mélissa.

Je lâche donc partiellement la longue, et nous voyons Feebee évoluer avec mes chiennes, libre d'être, libre de faire. Je suis émue de voir du bonheur dans les yeux de Mélissa. Je note que le suivi naturel est correct, il va donc me falloir chercher pourquoi cette petite chienne ne revient pas quand sa propriétaire la rappelle.

La résolution

En poursuivant la balade, je m'aperçois que Feebee suit très bien Mélissa quand celle-ci est de dos mais pas de face : la chienne marque un stop à une vingtaine de mètres environ, la regarde et repart à l'opposé, le tout sans que sa propriétaire ne parle. J'ai besoin de vérifier si cet enchaînement est systématique.

Je demande à Mélissa de marcher en regardant ses pieds, et voici notre petite Feebee qui s'arrête à vingt mètres, s'interroge, observe avec insistance sa propriétaire, puis s'avance vers elle et s'arrête à nouveau. Mélissa continue de fixer ses pieds

Zoom sur le suivi naturel

Le comportement naturel d'un chien qui suit son humain est souvent enraciné dans son instinct grégaire. Rester près de la personne qui assure sa sécurité et son bien-être est une réaction instinctive. Cette propension au suivi peut aussi être influencée par le type de relation et d'éducation reçue. Un chien qui suit son propriétaire indique souvent l'existence d'un lien fort, d'un attachement profond et d'une confiance.

tout en avançant lentement, sans parler. Feebee s'approche encore, jusqu'à obtenir un contact visuel. Je comprends alors : pour elle, ce contact visuel à distance signifie qu'elle peut repartir vers ses occupations ! Une erreur gestuelle involontaire et une communication altérée peuvent mener à des blocages, à l'inverse de que l'on voulait produire !

Que d'incompréhensions entre Mélissa et Feebee !

Quand je pars dans le sens inverse de Mélissa, sans dire un mot, mes chiennes font demi-tour pour me suivre. Feebee, quant à elle, regarde où se trouve son humaine et la suit immédiatement, toujours accompagnée de sa fine longe au sol. Après une dizaine de minutes de marche seule avec sa chienne, Mélissa tente un rappel : elle regarde ses chaussures et lui demande de revenir avec un amical « Feebee, tu viens me voir ? » Aucune hésitation, Feebee la rejoint joyeusement ! Avec Mélissa, nous faisons preuve de pudeur, mais nos yeux en disent long sur notre émotion.

Comme le cerveau humain a tendance à se concentrer sur ce qu'il manque au lieu d'apprécier pleinement ce que l'on a, Mélissa finit par me demander : « Je ne vais quand même pas regarder mes chaussures à chaque fois que je la rappelle ? » Avant d'arriver au sommet de la montagne, il faut partir d'en bas et gravir toutes les difficultés. Mais nous sommes souvent des êtres bien trop impatients !

CAS 17

Black, un croisé qui ignore son nom

Le contexte

J'arrive dans une maison de ville avec un petit jardin à l'arrière et une cour fermée par de magnifiques murs en pierre. Monsieur Jean m'accueille avec Black, un croisé berger et peut-être labrador, et certainement d'autres races. Ce chien de 8 ans a été adopté dans l'un des refuges de la fondation Brigitte Bardot, qui m'a missionnée. Son histoire est terrible : il a vécu attaché à une chaîne pendant plusieurs années, puis a passé un an au refuge, car personne ne voulait de lui. Son pelage noir a été un réel frein, de même que son âge, car il avait 7 ans à son arrivée. Il était considéré comme « vieux ». Pourtant, vieillir c'est faire l'expérience du temps, c'est vivre, et vivre c'est vieillir. Depuis deux mois, il habite avec Monsieur Jean et s'est très bien intégré à sa nouvelle vie urbaine.

Sa maturité et son calme sont apaisants et agréables.

Monsieur Jean apprécie grandement toutes les qualités de son chien, mais il y a un petit souci : quand il l'appelle, Black ne répond jamais à son nom, même s'ils sont très éloignés et que l'un est dans la maison et l'autre dans le jardin.

Zoom sur la fondation Brigitte Bardot

J'admire et respecte énormément cette fondation pour la tenue et la gestion de ses différents refuges. La propreté, les moyens matériels, les structures, les soigneurs... Voilà un exemple de dévouement sincère à la cause animale.

LEON

L'enquête

Afin que je voie le duo en action, nous emmenons Black en balade :

➡ Il ne tire pas en laisse.

➡ Il apprend en quelques minutes l'attente avant de traverser et comprend très vite qu'il faut observer la circulation et être vigilant aux voitures. C'est lui qui, au bout d'à peine vingt minutes, me montre les véhicules.

➡ Il n'a aucun comportement gênant, même lorsque d'autres chiens aboient : quand on le guide, il n'y prête pas attention.

Ce chien est incroyable d'adaptation.

Je me dis qu'avec tant d'intelligence côté chien et tant d'empathie côté humain, je devrais rapidement réussir à tricoter de nouvelles mailles entre ces deux-là.

À notre retour, Black se repose dans le jardin. Non loin de là se trouve un chat. Leur voisinage se passe merveilleusement bien. Monsieur Jean et moi nous installons à l'intérieur pour parler du problème de rappel. C'est avéré, son chien ne manifeste pas de grand intérêt quand son humain l'appelle. J'observe encore et encore ce binôme, demande de nouveaux rappels lancés par la fenêtre, tente beaucoup de choses, mais rien ne fonctionne. J'ai des difficultés à comprendre ce qui ne va pas. Le chat est toujours paisiblement allongé au soleil, et je le regarde en me disant que là, maintenant, j'irais bien m'asseoir à ses côtés pour reposer mon cerveau épuisé.

La résolution

Mon regard toujours porté sur le chat, je demande à Monsieur Jean par simple curiosité, et peut-être pour m'évader un petit instant, quel est le prénom du chat. Il s'appelle Nikita. Je lui dis en plaisantant : « Vous avez aimé le film ? », ce à quoi il me répond : « Je suis un fan de Luc Besson. » Notre échange cinéphile m'amène à lui demander si Black est le prénom qu'il a choisi pour son chien. Il m'explique que non, qu'il le portait déjà au refuge mais ignore si c'est le cas avant.

« Ce prénom, vous plaît-il ?

— Non, sans plus, mais je ne voulais pas le perturber en lui changeant.

— Et si vous aviez eu le choix, comment l'auriez-vous appelé ?

— Je l'aurais appelé Léon.

— C'est OK pour Léon à partir de maintenant. »

Nous avons fait de nouveaux essais de rappel. Au troisième « Léon, tu viens me voir ? », ce gentil chien est venu vers son humain.

Monsieur Jean, Nikita et Léon, un trio inoubliable.

Ma déclaration d'amour aux chiens seniors

Ces chiens sont si injustement et égoïstement oubliés et méconnus ! Combien de fois ai-je entendu : « Ils ne peuvent plus apprendre à leur âge ! » Bien heureusement, il n'y a pas d'âge limite pour les apprentissages, tout est question de motivation. Il y a aussi : « Je ne veux pas pleurer trop vite. » Mais la vie est imprévisible, et il n'y a pas de date de péremption sur un être vivant.

J'ai moi-même adopté ma Tina dans un refuge Aide aux vieux animaux lorsqu'elle avait 11 ans et demi. Elle a été une collègue fabuleuse et une aide précieuse pour mon Maestro et beaucoup de chiots. Elle est décédée à 14 ans et demi. Trois années de vie quotidienne intense et généreuse.

CHAPITRE 7

MON CHIEN EST POSSESSIF

La possessivité, la garde, la protection de ressources… Voilà divers termes pour décrire le comportement d'un chien qui s'accapare une ou plusieurs ressources comme des jouets, des gamelles – même vides –, de la nourriture, des couchages, des espaces, des personnes… En fonction du chien, de son vécu, de ses expériences de vie, de sa famille et de son environnement, cette possessivité peut devenir problématique et même dangereuse dans certains cas, car il ne souhaite pas perdre son bien.

Le chien sait partager si on lui en donne l'occasion. Mais le partage n'est pas inné dans nos maisons, il s'apprend. Cela implique aussi une notion de réciprocité, et vivre avec un animal est un partage de chaque jour.

CAS 18

Luna, la yorkshire qui s'en prend au sac à main

Le contexte

Luna est une femelle yorkshire âgée de 10 ans. Depuis peu, elle ne supporte pas que quiconque s'approche du sac à main d'Isabella, sa propriétaire. Le week-end, elles cohabitent avec le conjoint d'Isabella et son chien, Kaiser, un american staff de 9 mois. Nous prévoyons notre rendez-vous un samedi afin que je puisse rencontrer les deux chiens au domicile d'Isabella. Ils s'entendent bien : Kaiser est à l'écoute de Luna, qui s'impose très bien malgré ses trois kilos.

L'événement déclencheur

Je suis là pour la récente possessivité de ressource de Luna. Cela inquiète Isabella, car elle a peur que sa chienne éprouve un réel mal-être. Elle me raconte l'origine de ce comportement.

Alors qu'elle retirait de l'argent à un distributeur avec les deux chiens en laisse, un individu l'a menacée avec un couteau pour lui voler sa carte bancaire, son argent liquide et son sac à main. Isabella a lâché les laisses en essayant de retenir son sac et a appelé à l'aide. Kaiser a eu peur et s'est enfui, tandis que Luna s'est accrochée agressivement à la cheville du voleur et l'a mordu. L'homme lui a donné plusieurs coups de pied. Le bilan : la chienne a eu des côtes cassées et la mâchoire fracturée, Isabella a eu des hématomes, Kaiser a été retrouvé quelques heures plus tard caché dans un buisson, tremblant.

Une agression traumatisante pour chacun d'eux.

Grrrrr....

Depuis son rétablissement, Luna se met en position de protection permanente sur le sac à main. Elle se couche dessus s'il lui est accessible. Personne ne peut passer devant, autrement c'est une agression immédiate sans menace ni sommation préalables. La peur, la colère, la surprise, le choc, la douleur, toutes ces émotions ont déclenché une garde de ressource, en l'occurrence du sac. Même si Isabella change de sac, le comportement de Luna reste identique : elle laisse Kaiser ou d'autres chiens approcher, mais aucun homme.

Le processus de guérison

Nous avons commencé un **long parcours de rééducation** pour demander à Luna de ne plus prendre en charge la garde des sacs :

- Dans un premier temps, j'ai proposé à Isabella d'investir dans un sac à dos afin que Luna ne voie plus sans arrêt le sac à main à son bras.
- Ensuite, progressivement, nous avons commencé des approches en demandant à des femmes puis des hommes connus de la chienne de porter le sac à main.
- Nous avons aussi réintroduit des sorties en ville en présence de mes chiens, qu'elle apprécie.

Il a été nécessaire d'ajuster les séances en fonction de l'évolution, des progrès et parfois des régressions de Luna. Son état d'alerte constant associé à sa promptitude à réagir dès qu'elle perçoit l'objet problématique réactive sa mémoire associative. La peur, la colère et d'atroces douleurs corporelles sont ainsi ravivées. L'objectif est de restaurer la confiance de Luna et de modifier son état émotionnel dans différentes situations. L'accent est mis sur l'aide à **la résilience** pour favoriser son bien-être général. De son côté, Isabella a été accompagnée par un professionnel pour entamer son propre processus de résilience.

Les blessures sont physiques mais aussi psychologiques.

LA CLEF : LA RÉSILIENCE

La résilience, terme que Boris Cyrulnik a fait connaître, désigne la capacité d'un individu à faire face, à s'adapter et à se rétablir après des situations difficiles, des défis ou des traumatismes. C'est la capacité à rebondir, à maintenir un fonctionnement émotionnel équilibré et à retrouver un bien-être psychologique malgré les épreuves.

La résilience implique souvent le développement de compétences, de mécanismes d'adaptation et de soutiens sociaux qui aident à surmonter les adversités. Elle ne signifie pas l'absence de difficultés, mais plutôt la capacité de les traverser puis de les utiliser comme des opportunités de croissance personnelle.

CAS 19

Edgar, le berger allemand qui bloque l'accès à la chambre

Le contexte

J'ai rendez-vous chez un couple qui m'accueille chaleureusement dans un pavillon. À mon arrivée au portail, Edgar, un berger allemand de 6 ans, aboie pour avertir de ma présence. Alors que j'avance, il observe si je suis bien invitée à entrer. Je m'immobilise afin qu'il puisse venir me renifler, me scanner. Pendant sa prise d'odeurs, j'observe sa communication corporelle : son corps est détendu et souple, le fouet de sa queue bat en un mouvement régulier, plutôt porté sur la droite, ce qui peut être le signe d'émotions positives. À l'inverse, un balancier vers la gauche peut indiquer des émotions négatives. Mais s'arrêter à un seul indicateur est trop risqué, il est nécessaire de prendre en compte l'ensemble de l'individu et de ses postures. Le berger allemand me laisse libre de mes déplacements et me permet d'entrer dans la maison.

Ce qui peut sembler être de petits détails forme en réalité un ensemble d'indicateurs essentiels pour lire le chien en face de soi. Je suis pressée de connaître le profil d'Edgar et les difficultés qui ont conduit ses propriétaires à solliciter ce rendez-vous.

Choisir un chien de race avec cohérence

Le berger allemand est une race gardienne qui avertit des moindres bruits par des aboiements. Nous l'apprécions pour une qualité que nous avons- nous-mêmes sélectionnée, c'est-à-dire la garde, et nous créons des colliers anti-aboiements car nous ne supportons pas ces vocalisations estimées « intempestives ».

La problématique

Edgar dort dans la chambre des propriétaires : le soir, il monte se coucher sur leur lit. Quand le couple éteint la lumière, il lui demande de descendre et d'aller sur son tapis installé dans la chambre, ce qui ne pose pas de problème. Mais parfois, le chien refuse que Monsieur entre dans la chambre et l'empêche d'approcher du lit. Il se montre menaçant et prêt à mordre s'il insiste. Le propriétaire lui a lancé la balle, lui a donné des friandises, s'est fâché, mais rien n'y fait. Voilà la situation qui m'est décrite.

L'enquête

Je comprends très vite qu'Edgar garde une ressource importante pour lui, mais est-ce la chambre, le lit, autre chose ? Je découvre que ce problème ne se pose que le soir, et plus précisément le *jeudi* soir. Ce jour-là, Monsieur se rend à son entraînement de foot et rentre vers 22 heures. Madame est déjà couchée, Edgar installé près d'elle sur le lit. Lorsque Monsieur veut franchir le seuil de la porte de la chambre, le chien lui en bloque l'accès, à tel point qu'il doit passer toutes les nuits du jeudi au vendredi sur le canapé du salon. La possessivité de ressource d'Edgar concerne donc la chambre, le lit et également sa propriétaire. Il n'y a pas de problème si Monsieur se couche avant Edgar.

Mes recommandations

Nous avons revu les besoins du chien, comme ses temps de sortie. Concernant le cœur du problème : laisser Edgar dans la chambre conforte sa possessivité, et il n'est actuellement pas en mesure de gérer la situation. Or, elle est bien trop dangereuse pour son propriétaire, il est donc indispensable de **prendre des mesures de sécurité** afin d'éviter tout risque de morsure. Edgar est renforcé dans son comportement par les attitudes de ses humains : Madame essaie de le calmer en le caressant, Monsieur renonce en partant dormir sur le canapé.

Je demande donc **un changement de mode relationnel et interactionnel**, notamment qu'Edgar n'accède plus à la chambre le soir, et ce, tous les soirs. Le couple refuse. Je recommande alors que le chien ne soit pas dans la chambre avant que Monsieur n'aille se coucher le jeudi soir. La réponse de Madame est catégorique : « Il n'en est pas question, Edgar reste avec moi durant la soirée du jeudi. »

Le couple ignore les risques par volonté aveugle.

Malgré mes mises en garde sur le risque que représente une telle situation, je n'ai pas eu gain de cause. Le rendez-vous s'est terminé ainsi. J'ignore comment ce trio a géré la situation par la suite...

LA CLEF : FAIRE FACE AUX PROBLÈMES ET AGIR EN CONSÉQUENCE

Sans l'aide des propriétaires, sans une volonté de changement, sans remise en question, sans cohérence, sans bon sens, sans compréhension du mal-être des autres (ici, le mari et Edgar), sans accepter de voir tous les enjeux qui appartiennent à chacun et auxquels je n'ai pas accès, je ne peux pas apporter mon aide. Je suis face à un système qui ne souhaite aucun réel changement. Une évolution n'est possible que si les propriétaires sont conscients et non dans le déni, dans une fuite de la réalité, dans l'ignorance des signaux d'alarme. Une cohésion d'équipe est indispensable : **l'éducateur + les humains + le chien + l'environnement = le système.**

CHAPITRE 8

MON CHIEN ABOIE

Chaque chien a sa propre signature vocale, selon sa taille, son sexe, son état émotionnel. L'aboiement est un moyen de communication qui permet de défendre une ressource ou un lieu, de se protéger d'agressions, d'avertir, d'informer les autres chiens et les humains. La domestication a intentionnellement altéré de manière artificielle le rôle des vocalisations. On a recherché la ténacité à aboyer afin d'assurer le travail attendu par l'humain, celui de gardien, avec le berger allemand, le pinscher et le dobermann, par exemple. À l'inverse, certaines races sont réputées pour aboyer rarement comme le basenji, le chow-chow et le shar-pei, et sont choisis pour cela.

Une question se pose alors quant à la sélection naturelle : aurait-elle eu tendance à conserver des chiens plus silencieux, ce qui permet une prédation plus efficace ? La nature étant bien organisée, on peut supposer qu'elle aurait également favorisé des sujets plus bavards en tant qu'avertisseurs.

CAS 20

Louna, la beagle qui aboie durant la sieste

Le contexte

Je partage avec vous cette demande inhabituelle, que j'ai adorée. Amélia, la trentaine, me contacte suite à sa reconversion professionnelle. Elle était comptable et a obtenu son agrément pour exercer en tant qu'assistante maternelle à son domicile. Son objectif est de préparer au mieux sa jeune beagle, Louna, âgée de 8 mois, en vue de l'arrivée des enfants. Nous nous rencontrons deux mois avant le début de cette nouvelle phase pour permettre à Amélia de comprendre les besoins de Louna, tout en anticipant et préparant la relation entre la chienne et les enfants.

Des changements en plusieurs étapes

➡ Le besoin en balade de Louna n'était pas tout à fait comblé (je vous en dis plus dans l'encadré p. 112). En y remédiant, nous avons obtenu son calme et sa coopération à l'intérieur de la maison.

➡ Nous nous sommes ensuite occupées de ses **besoins masticatoires** et avons revisité le **mode interactionnel et relationnel de ses échanges** avec Amélia.

➡ Nous avons installé **le matériel et les jouets destinés aux enfants** dans la maison pour que la chienne s'y habitue. Je lui ai appris à ne pas prendre les peluches, les pouic-pouic... jouets que l'on retrouve aussi au rayon canin et qui auront un impact sur les sens de Louna. Quel monde confus pour nos chiens ! À mon sens, les jouets proposés en magasin ne sont que des moyens pour nous déculpabiliser de notre manque de disponibilité...

WOOOO
OOOOO
OOOO
OOO
OO

➡ Nous avons appris à Louna à **ne pas marcher ou tirer sur le tapis d'éveil** conçu avec des jouets sonores.

➡ J'ai utilisé tous les jouets à disposition pour **scénariser son futur quotidien** et lui apprendre ce que nous allions attendre d'elle. Par exemple, j'ai demandé à Amélia de déposer sur la table basse un biberon et de laisser quelques gouttes de lait sur la tétine pour voir la réaction de la chienne face à cette nouvelle odeur. Elle est venue le sentir puis l'a léché. Nous avons ensuite pu lui apprendre à ne pas y toucher. Il a fallu penser à un maximum de situations possibles.

Zoom sur la balade

Dans la majorité des familles que je rencontre, les balades sont inadaptées en temps et en qualité. Cela se décide en fonction des besoins individuels de l'animal : il faut prendre en compte sa race, son âge, sa santé, son tempérament - est-il intrépide et curieux ou plutôt craintif dans l'environnement ? Un chien qui n'a pas des temps de sortie comblés sera irritable, aura des difficultés à se poser en intérieur, des difficultés d'écoute, des difficultés à se concentrer et donc des difficultés dans les apprentissages.

Une balade de qualité n'est pas seulement hygiénique, destinée aux besoins. C'est une balade durant laquelle le chien peut être détaché, renifler, se rouler s'il le souhaite, se baigner si cela est possible, rencontrer d'autres chiens si son niveau de socialisation le permet. C'est aussi de la marche ; rester dans le parc à chiens à attendre que son animal ait fini de courir dans tous les sens ne suffit pas. Lancer des balles ou des bâtons peut avoir des effets néfastes sur la santé physique, le comportement et le niveau d'excitation plutôt que de satisfaire des besoins fondamentaux. Faites une balade calme, silencieuse, apaisée, sans excitation, et vous reviendrez à la maison avec un chien serein, prêt pour de nouveaux apprentissages. Voyez vous-même : faites une séance de sport le matin avant d'entamer votre journée, vous en ressentirez tous les bénéfices physiques, psychiques et psychologiques.

Amélia m'a dit qu'elle n'avait pas imaginé un seul instant l'ampleur de la tâche. Elle me contactait peut-être seulement pour se rassurer. Mais grâce à son anticipation, nous avons pris le temps nécessaire pour préparer Louna dans le calme.

La mise en situation

Amélia m'a demandé d'être présente le premier jour où elle recevait des enfants pour leurs périodes d'adaptation. Pendant qu'elle accueillait les parents puis s'occupait des enfants, je continuais les apprentissages de Louna. Étant une chienne très amicale, elle pouvait se montrer un peu trop présente dans ce moment d'accueil. Et puis le temps a passé, Louna et Amélia ont pris leurs marques. La chienne s'est très bien adaptée, elle est adorable avec les enfants et est toujours à leurs côtés.

> C'est un duo rempli d'amour et d'envie de bien faire.

Une difficulté

Deux années après cette merveilleuse rencontre, Amélia me contacte à nouveau, car la chienne a développé un nouveau comportement : il lui arrive de se mettre à aboyer en hurlant à la mort et d'aboyer encore plus fort quand sa propriétaire lui demande de se taire.

Nous avons choisi de commencer notre rendez-vous en début d'après-midi pendant que les enfants font la sieste. À mon arrivée, je ne sonne pas à la porte afin de préserver leur sommeil, j'envoie un message à Amélia. Elle vient m'accueillir avec Louna. La chienne réfléchit quelques instants quand elle me voit, elle se rappelle que nous nous connaissons bien ! Mon meilleur salaire, ma plus belle récompense, c'est le bonheur des chiens ; j'attrape avec mon cœur ce petit moment d'échange unique.

Nous nous installons sur le canapé. Je pensais que Louna resterait avec nous, mais elle part se coucher en position de sphinx dans le couloir où se trouve la chambre des enfants. Elle ne bouge pas, elle se repose. À 15 heures, elle commence à hurler à la mort. Je pense savoir la cause de ce comportement, mais je préfère faire des vérifications. Je demande à Amélia d'installer une petite caméra dans la chambre : le but est de vérifier les jours suivants si le début des aboiements coïncide avec les mouvements annonciateurs du réveil d'un enfant.

Je découvre avec émotion Louna évoluer avec les enfants.

Après la sieste des enfants, j'assiste à leur goûter, ce qui me permet de continuer mon observation et mon évaluation. Amélia a une sensibilité et une bienveillance que je retrouve chez la beagle, particulièrement douce et délicate. Grandir dans cet environnement est magnifique : le chien est un merveilleux vecteur de communication pour les petits qui apprennent le respect du vivant. Trouver les mots justes est difficile, les regarder ensemble suffit à comprendre.

La résolution

Nous visionnons ensuite les images vidéo. Il s'avère que le petit Mattéo est le premier enfant à sortir de son sommeil profond : il se frotte la tête sur le drap, puis passe ses mains sur son visage. Juste après ces mouvements, Louna commence à aboyer.

Louna observait sa propriétaire au travail.

C'est incroyable ! Elle prévient sa propriétaire que l'un des enfants est en train de se réveiller. Amélia passe parfois dans le couloir et écoute si les petits dorment bien, entre parfois dans la chambre pour apaiser l'un d'eux… Toutes ces attentions ont été observées chaque jour par Louna qui, à sa façon, participe à la mission d'Amélia.

Après plusieurs échanges, nous montrons la vidéo aux parents et expliquons la situation. Il serait facile d'empêcher Louna de se rendre dans le couloir pour veiller, mais tous décident de lui laisser faire son job !

LA CLEF : FAVORISER LA CAPACITÉ D'ADAPTATION

Dès l'arrivée du chiot, et ce pendant les deux premières années idéalement, il faut veiller aux apprentissages indispensables et nécessaires.

Ensuite, c'est de l'entretien et de l'adaptation à tout ce à quoi l'animal n'a pas été préparé. La vie est une inconnue de chaque jour : tout individu devra trouver sa propre formule adaptative, c'est la définition même de l'intelligence. On le voit avec Louna : elle s'est faite à son quotidien unique, elle réagit de façon adaptée aux situations nouvelles auxquelles elle est confrontée.

CAS 21

Saturne, le yorkshire qui hurle la nuit

Le contexte

En ce mois d'hiver, je me rends chez Béatrice qui vit dans un appartement en région parisienne. Elle m'a contactée pour son petit Saturne, un yorkshire âgé de 14 mois. Saturne est la planète visible à l'œil nu, comme une étoile d'éclat moyen… Voilà un prénom de prédilection étant donné le dénouement de la problématique rencontrée.

Le meilleur conseil ? Orienter la personne vers un *vrai* et *bon* professionnel.

Saturne m'accueille amicalement, puis s'installe avec calme sur le canapé où se trouve sa petite couverture polaire. C'est un chien très facile à vivre et amical avec les humains et ses congénères. La seule difficulté concerne ses nuits. Saturne dort sur le canapé du salon ou dans son panier placé dans la salle à manger. Mais lorsque Béatrice va se coucher, il commence par émettre des gémissements plaintifs. S'il semble ensuite se calmer, les gémissements se transforment en hurlements à la mort au bout d'une heure.

L'enquête

Pour remédier à cette situation, Béatrice a suivi les fameux « on m'a dit ». Mais qui sont donc tous ces « on » ? Des professionnels ? Ou des personnes qui ont eu des chiens et pensent être comportementalistes ? Les mauvais conseils tout à fait involontaires sont bien plus dévastateurs que ce qu'on imagine. L'équivalent humain serait de prescrire un traitement à une personne dont on ignore tout de ses pathologies, ses allergies…

Voici les conseils dévastateurs que Béatrice a appliqué avec le petit Saturne :

➡ Quand les hurlements commençaient, elle se levait, ouvrait la porte de la salle à manger et criait : **« Tais-toi ! Va te coucher à ta place ! »** Saturne s'exécutait immédiatement et recommençait dès qu'il était seul à nouveau.

➡ Elle a acheté des vidéos de Youtubeurs conseillant d'utiliser… une **boîte à colère** ! Il s'agit d'une boîte en métal contenant des clous qu'il faut secouer à proximité du chien ou même lui lancer à la tête. Saturne était terrifié. Béatrice a donc abandonné cette pratique et s'est mise en quête d'une autre solution.

➡ Elle s'est rendue en animalerie. Le vendeur lui a conseillé un **collier anti-aboiements électrique.** Cet objet est en vente libre et recommandé par des professionnels de la vente, pourquoi Béatrice ne serait-elle pas en confiance ? Le collier électrique fait cesser les hurlements de Saturne, mais ponctuellement. En effet, le chien hurle, s'arrête après les deux bips sonores émis par le collier, puis reprend. Il est maintenant conditionné à une série d'aboiements puis à un temps de pause. Béatrice m'exprime son malaise lorsqu'elle vient vers lui, le soir, pour lui mettre le collier avant de se coucher. Saturne se recroqueville et tremble.

➡ Elle a également tenté de **dormir sur le canapé** du salon. Les aboiements ont pris fin mais son état de stress persistait puisque Saturne ne cessait de marcher près d'elle pendant la nuit. Béatrice ayant le sommeil léger, c'était des nuits blanches assurées. Elle a donc fini par regagner sa chambre.

Saturne perd petit à petit confiance dans sa figure d'attachement, celle qui devrait lui apporter réconfort et sécurité, celle vers laquelle il devrait pouvoir se rapprocher en cas de difficulté. Son état de peur ne cesse d'augmenter avec le temps. Qui plus est, il associe désormais la nuit et son environnement à une plus grande insécurité. Faire cesser un comportement sans se préoccuper de l'état émotionnel n'est pas une solution. Et si les choses étaient bien plus simples ?

Personne n'a cherché à comprendre les réelles peurs de ce chien.

La résolution

Je reprends les informations une à une. Saturne sait rester seul en journée, aucune plainte du voisinage sur des aboiements ou des pleurs intempestifs. Je constate également que lorsque Béatrice change de pièce et ferme la porte, il le gère très bien. Le réel problème d'angoisse concerne la nuit, et plus précisément la totale obscurité : Saturne est paniqué lorsqu'il est dans le noir total et appelle à l'aide son humaine.

Nous avons donc installé une veilleuse pour enfant dans la salle à manger. Le problème est totalement résolu. Béatrice a retrouvé ses heures de sommeil et Saturne peut faire de beaux rêves...

LA CLEF : S'ENQUÉRIR DES CONDITIONS D'ÉLEVAGE

Certaines conditions d'élevage ne sont pas toujours vérifiées par les adoptants par manque de connaissances. Il arrive aussi qu'elles soient volontairement cachées. Rares sont les personnes qui posent des questions sur les parents du chiot, les lieux qu'il a connus, les expériences qu'il a vécues... Il me semble indispensable de se faire accompagner par un professionnel qui s'en chargera. Et la visite de l'élevage est un minimum. Un éleveur transparent et passionné répondra à toutes les questions et vous fera une visite guidée.

J'ignore précisément ce qui est arrivé à Saturne, mais la peur intense durant la nuit peut être attribuée à divers facteurs, notamment des mauvaises conditions d'élevage sans luminosité ni lumière naturelle. Des traumatismes tel qu'un voyage prolongé dans l'obscurité, surtout pour un chiot arrivant de l'étranger, peuvent également contribuer à cette réaction. Un exemple concret que j'ai rencontré est celui d'une petite femelle cocker qui a voyagé dans un camion pendant plusieurs jours avec deux chiots de sa fratrie décédés...

CAS 22

« Silence, Maestro ! »

Le contexte

Une fois par an, au printemps, j'organise un stage sur un grand terrain clos pour des chiens :

- Dont les besoins d'appétition sociale ne sont pas comblés au quotidien,
- En difficulté dans leurs interactions avec leurs congénères,
- Privés de ces interactions.

En conséquence, lors des sorties, ces chiens priorisent les interactions avec les congénères qu'ils rencontrent au lieu de revenir vers leur humain : il n'y a pas de suivi naturel, aucune écoute gestuelle ou corporelle. Certains sont réellement dans un évitement flagrant de leur propriétaire. La relation est donc dépourvue de qualité de lien ; c'est un douloureux constat pour les humains. Il faut tricoter urgemment les mailles de la relation du binôme pendant le stage.

Sur le terrain, se trouve aussi mon Maestro, un mâle flat coated de couleur marron âgé de 8 ans. Il participe aux interactions et m'apporte son aide par sa lecture, ses interventions et sa communication avec les chiens présents. Ce sont des journées fatigantes pour les animaux et les humains, car elles demandent beaucoup de vigilance et de concentration. Mais quel enrichissement passionnant !

L'événement

À chaque fin de journée, les chiens participants sont installés dans les voitures le temps que nous fassions un débriefing. Maestro se déplace seul calmement sur le terrain, qu'il connaît très bien. Soudainement, il se met à aboyer vers le grillage, tête vers le bas ; son aboiement est grave. Il avance puis se ravise

et recule. Je regarde un très court instant ses postures, mais je continue ma discussion. Maestro réitère son comportement plusieurs fois. Étant gênée par ses aboiements, je lui demande de se taire. Il me regarde et reprend ses aboiements.

Pourquoi nos cerveaux tendent-ils à négliger ou à contester nos animaux instinctivement avant de chercher à les observer et à les comprendre ? Pourquoi avons-nous été conditionnés à adopter cette attitude ? J'ai ressenti de la colère et de la tristesse envers moi-même pour avoir élevé la voix. Je me suis agenouillée près de lui, ai posé ma tête sur le côté de son encolure et lui ai présenté mes excuses : « Maestro, pardon. Pardon, mon Maestro. »

Nos contradictions...

Nous vivons dans un monde bruyant avec des voitures, des avions, des gares et toute une technologie qui nous entoure. Mais quand le bruit a pour origine les animaux et la nature, nous n'avons aucune tolérance. Le chant du coq, les aboiements des chiens... Tout nous gêne. Et pourtant, les aboiements d'un chien sont toujours justifiés : il essaye de nous communiquer une information perçue par ses sens développés, dont le flair. Peut-être que plus de tolérance, de connaissance, de culture chien, de compréhension du monde propre à l'autre nous permettraient de reconnaître certains aboiements comme un service utile, qui plus est gratuit !

On m'a souvent conté cette anecdote : « Le chien de notre voisin ne cessait d'aboyer sans que nous ne comprenions pourquoi. La maison voisine était en train d'être cambriolée ! » Ou encore, l'histoire d'une famille célèbre pour laquelle je me suis occupée de l'éducation de son chien : elle a été victime d'une intrusion par les toits de leur propriété pour une tentative d'enlèvement. Le chien, sans aucun dressage, n'a cessé d'aboyer et a immobilisé l'un des malfrats dans la salle de bains avec une colère que la propriétaire a encore beaucoup de mal à oublier. Elle ressent un profond sentiment de gratitude et de reconnaissance envers ce chien éduqué avec intelligence et autonomie, jamais puni pour ses aboiements.

Pour conclure

UNE AVENTURE HUMAINE ET ANIMALE

Oser l'autonomie est une aventure que j'appelle liberté. Penser par soi-même, c'est souvent s'isoler ou être isolé. C'est refuser le confort d'appartenance à un groupe, à un embrigadement. J'ai partagé avec vous quelques extraits de dix-sept années d'expérience professionnelle auxquelles s'ajoutent trente-cinq années à côtoyer et à évoluer avec et auprès des animaux.

Ces lignes concernent quelques rencontres. Bien entendu, d'autres situations ou d'autres solutions apportées peuvent être très différentes. Il n'existe aucune fiche recette, ni trucs et astuces, car chaque chien, chaque famille, chaque système est unique. Ce qui conviendra pour l'un ne fonctionnera aucunement pour l'autre. Parfois, nous ne sommes pas le professionnel adapté pour une systémie, et dans ce cas il faut l'accepter.

Les problématiques relationnelles et interactionnelles peuvent être résolues par le professionnel qui relèvera tous les dysfonctionnements, tous les détails, pour trouver des adaptations personnalisées.

L'essentiel est que le chien et ses humains trouvent un équilibre de vie.

Le biologiste Konrad Lorenz nous encourage à considérer l'animal dans son ensemble, comme un tout. Sans négliger l'importance des connaissances scientifiques, il est courant de critiquer l'observation non-scientifique, même si elle reste une compétence essentielle dans de nombreux métiers liés au domaine du vivant. Un animal est un être vivant qui ne peut pas être réduit à un automate à conditionner, à dresser. Le comportement est bien plus complexe que cela, et ce, d'autant plus pour les animaux qui vivent avec les humains. Les animaux ont de nombreuses réactions non-conditionnées. Ils sont dotés d'émotions et ont la capacité d'avoir des intentions. La science nous explique que les corbeaux fabriquent des outils, que les rats regrettent peut-être des décisions, que les pieuvres reconnaissent les visages humains et que des neurones spécifiques permettent aux singes d'apprendre des erreurs des autres.

La culture, l'empathie, les amitiés ne sont pas le propre de l'humanité. On ne cesse de comparer l'intelligence humaine à celle des animaux, en nous prenant bien évidemment comme référence. C'est une vision dépassée. Mais de quoi avons-nous peur ? Que craignons-nous à ce point ? J'ai assisté à une conférence passionnante du philosophe Dominique Lestel, qui développe l'éthologie philosophique et nous dit à ce sujet : « La dette que l'homme a contractée à l'égard de l'animal est d'une profondeur insondable. Elle est infinie, parce que l'homme ne pourra jamais s'en acquitter de façon satisfaisante et qu'il doit organiser sa vie en remboursant en permanence cette dette constitutive et abyssale. » Nous sommes une espèce animale intelligente parmi une multitude d'autres espèces intelligentes. Toutes les espèces s'adaptent à leur environnement avec flexibilité et développent des solutions adaptatives aux problèmes rencontrés. Chaque espèce mais aussi chaque individu de l'espèce le gère à sa façon. Il est donc important d'utiliser le pluriel pour évoquer des capacités d'intelligences et de cognitions.

Ce livre n'est qu'un extrait de mon quotidien que je savoure chaque jour en toute humilité, un extrait de quelques merveilleux rendez-vous, de rencontres humaines et canines, un extrait d'un monde simple à regarder avec des lunettes de vue ajustées qui illuminent toute notre vision. Je consacre mes heures, mes jours, ma vie entière à des systémies qui ne cessent de me faire grandir, mûrir et me tricotent à mon tour.

Regarder les chiens, leurs interactions, leurs fonctionnements, leurs agissements, leurs comportements et leur solidarité dans un groupe avec leurs semblables me bouleverse. J'admire leur empathie, leur envie de plaire et de faire plaisir à leurs humains référents comme nous le faisons nous-mêmes dès l'enfance et avec nos proches plus tard. J'admire aussi leurs alliances avec des congénères face à l'adversité, leur communication apaisante, bienveillante, juste et dosée quand on a réussi leur socialisation. Et puis il y a leur sérénité, leur période prolongée de repos, leur intelligence pour résoudre des problèmes, leur aptitude à accepter les différences, leur générosité à accorder leur confiance et à consentir à de nombreux nouveaux accords de confiance, même lorsque ceux-ci ont été rompus. On peut donner en exemple les chiens abandonnés en refuge qui repartent avec une nouvelle personne.

Chaque jour, leur résilience est une leçon de vie, chaque jour je reçois un cours de biomimétisme, ce qui consiste à s'inspirer de la nature pour innover, car la nature est une bibliothèque de connaissances.

S'engager pour nos chiens

Face à de la nouveauté, à une nouvelle idée, à une nouvelle façon de penser, de raisonner et de réfléchir, le schéma est toujours le même : on dira tout d'abord que cela est ridicule, puis on affirmera que c'est dangereux. Et un jour on entendra que c'est évident. La personne sera critiquée, ridiculisée, parfois même humiliée. Mais la sincérité de mon amour pour les chiens, mon dévouement à tenter de leur rendre la vie meilleure, mon désir de voir les familles heureuses de vivre avec et auprès de leur chien, c'est une mission de vie, un but, et ce, malgré toutes les difficultés et le chaos rencontrés. Quand je regarde la souffrance de certaines familles, de chiens qui payent une addition par un abandon, des mois ou des années d'enfermement dans la cage d'un refuge ou pire encore, recevant une condamnation à mort, il me semble totalement indécent de me plaindre de l'accueil que me réservent certains.

J'ai consacré ma vie à tenter de mieux comprendre les chiens et à faire au mieux pour apprendre. Je fais aujourd'hui de mon mieux pour défendre toutes mes années de terrain et d'apprentissages avec un sens du partage pour que ces animaux soient intégrés au mieux dans nos vies, à notre société, pour éviter les morsures et les accidents.

Il est indispensable de comprendre que rien ne peut évoluer sans d'importantes prises de conscience et sans accepter de faire *autrement*. La douleur et parfois les situations difficiles nous obligent au changement, nous obligent à nous dépasser. Mais je vous propose d'essayer une autre paire de lunettes. Les propriétaires de chiens sont intelligents, aimants, sensibles et bienveillants, mais bien souvent manquent de connaissances. Les médias, Internet, certains professionnels, les « on m'a dit »... La mauvaise information, obsolète et erronée, est quotidiennement distribuée.

Continuons de développer notre propre esprit critique, notre propre réflexion, notre propre argumentation, notre propre raisonnement, notre propre jugement, et évaluons l'information. Nous avons également le droit et la liberté d'être en désaccord. Mais depuis longtemps, on nous enseigne des contenus plutôt que le raisonnement. Sans vous, rien n'est possible. Sans vous, les chiens ne pourront pas bénéficier d'une vie et d'une qualité de relation tant méritées. Il faudra peut-être du temps pour que cette nouvelle génération de l'éducation canine soit respectée et entendue.

À la fin de la lecture de ce livre, je vous propose de vous accorder quelques minutes de repos. En effet, nous savons que le sommeil consolide les souvenirs, mais qu'en est-il des apprentissages lorsque nous sommes éveillés ? Sachez que quinze minutes de contemplation aident à mieux se souvenir d'une histoire que l'on vient d'entendre. Alors si vous vous reposez quelques minutes après avoir appris quelque chose, vous vous en souviendrez mieux. Et pas seulement dans l'instant qui suit, mais des heures et des jours plus tard.

Aimer les chiens, c'est aussi aimer les gens.

Je vous invite à contempler avec votre chien un endroit où vous aimez vous balader, où vous entendrez le silence mais aussi la respiration de votre ami. Vous pourrez apposer délicatement votre main sur sa fourrure apaisante, lui offrir votre nouveau regard, lui sourire. L'amour est un secret entre deux cœurs, un mystère entre deux âmes. Vous pourrez l'aimer pour qui il est, pour ce qu'il est. Vous le remercierez peut-être avec un geste tendre pour tout le chemin déjà parcouru et celui qu'il vous reste à parcourir ensemble, ce chemin de vie partagée. Et surtout, n'oubliez pas que l'on ne peut jamais mentir à un chien. Vous lui direz simplement et humblement : « Merci d'être là. »

Merci à nos compagnons à quatre pattes

Je dédie ce livre à mon petits-fils Mathys qui, je l'espère, comprendra d'ici quelques années toute l'importance de mes ouvrages pour porter un regard différent sur les chiens, les animaux et le monde en général.

Je dédie ce livre à mes deux enfants, Kevin et Cassandra. Une maman porte son enfant neuf mois dans son ventre, deux ans dans ses bras et toute la vie dans son cœur. À ma fille, qui a toute la sensibilité pour comprendre et continuer de faire avancer ma philosophie éducative canine.

À mon frère David, mon pilier familial et fraternel.

Je dédie ce livre à toute mon équipe professionnelle et amicale pour sa loyauté, sa fidélité, sa bienveillance et son respect. Un travail d'équipe de qualité au nom des chiens et pour les chiens. Merci à vous.

Je dédie ce livre à tous mes clients pour leur confiance.

À tous les chiens que j'ai pu aider, à tous les chiens qui m'ont appris, à tous les chiens qui m'ont aidée. À mes grands-parents qui m'ont tant apporté. Les grands-parents qui élèvent leurs petits-enfants laissent des traces dans leur cœur.

Je dédie ce livre à tous mes chiens disparus et présents. À mon grand Maestro qui n'est plus à mes côtés… À Fidélia, Shamane et Tchoumie, des chiennes incroyables et uniques qui sont mes assistantes, mes partenaires, mes collaboratrices lors de séances d'éducation ou de rééducation, qui participent et s'adaptent à toutes les situations pour apporter leur aide autant que possible. Je suis fière et honorée d'être leur humaine de compagnie.

Direction d'édition : Nathalie Viard
Direction éditoriale : Adeline Lobut
Édition : Isabelle Misery et Maud Rogers
Réalisation, textes : Sandrine Nataf-Otsmane
Illustrations : Cathy Karsenty
Conception graphique et couverture : Claire Morel Fatio
Mise en pages : Oscar Fraisse

PEFC
PEFC/46-31-13
Certifié PEFC
Ce produit est issu de forêts gérées durablement et de sources contrôlées
www.pefc.ro

Éditions Massin - Publiées par Société d'Information et de Créations - SIC -
Une société de Marie Claire Album – 9, place Marie-Jeanne Bassot CS 50238 -
92593 Levallois-Perret CEDEX - France - Tél. 01 41 46 88 88 -
RCS Nanterre 302 114 509 - SARL au capital de 822.000 euros -
 ISBN : 978-2-7072-1389-1
N° Éditeur : 38369 - Imprimé par Rotolito, Roumanie
Dépôt légal : février 2024